Julienne Brembach

YOGISCH KOCHEN FÜR GENIEßER

Gesunde vegane Küche · fein & lecker

In jedem Menschen
Man muss sie nur zum

Julienne Brembach

YOGISCH KOCHEN

für Genießer

Gesunde vegane Küche · fein & lecker

YOGA VIDYA VERLAG

Yogisch kochen für Genießer –
Gesunde vegane Küche · fein & lecker
2. Auflage

Text: Julienne Brembach
Layout, Satz & Bildbearbeitung: Julienne Brembach, Dirk Gießelmann
Cooking: Julienne Brembach, Patrick Schildberg, Inga Marx
Lektorat: Kaivalya Meike Schönknecht, Dirk Gießelmann
Fotos Rezepte: Julienne Brembach
Weitere Fotos: „mandala-5398185" @GDJ pixabay
S. 83, S. 84, S. 86, S. 87, S. 88 u. S. 95 @pixabay.de;
S. 89 D. Gießelmann, S 95. Harald Schnauder
Umschlagklappen: D. Gießelmann, unbekannt

FSC www.fsc.org MIX Papier | Fördert gute Waldnutzung FSC® C013205

Printed in Germany.
ISBN 978-3-943376-51-7

Yoga Vidya Verlag in der Yoga Vidya GmbH
Yogaweg 7 · 32805 Horn-Bad Meinberg · Deutschland
Tel. 05234 / 87-2209, Fax -2225
shop@yoga-vidya.de · https://shop.yoga-vidya.de

DANKSAGUNG

Ich danke unserem tollen Allgäuer Küchenteam (Patrick, Inga, Chaitanya, Karusha und Jyoti) und unseren damaligen Karma-Yogis (Amba Bhavani und Maya) für die Mithilfe, Geduld und Unterstützung. Großen Dank vor allem an Patrick, der zusammen mit mir gekocht und mir den Rücken freigehalten hat.

Ich bin außerdem dankbar für dieses besondere Frühjahr 2020 mit der ungewollten gastfreien Zeit, die so viel Raum für kreative Entfaltung möglich gemacht hat. Vielen Dank auch an unsere großartigen Gäste!

„LASST UNSERE NAHRUNG UNSERE MEDIZIN SEIN
UND UNSERE MEDIZIN UNSERE NAHRUNG."

– nach Hippokrates

INHALT

VORWORT

Liebe Yoginis und Yogis,
Genießer und Herzensmenschen,

wie schön, dass ihr euch für dieses Kochbuch entschieden habt und damit zur Unterstützung von Yoga Vidya beitragt. Dafür und für eure Spenden sind wir euch zutiefst dankbar!

Grundsätzlich basiert unsere Küche in allen Ashrams auf gesunden – vorwiegend pflanzlichen und vollwertigen – Nahrungsmitteln, meist aus ökologischer Erzeugung.

Ich empfehle dir für einen yogischen Alltag, in dem du mindestens 20 Minuten am Tag meditieren, sowie Asanas und Pranayama praktizieren möchtest, hauptsächlich leichte und einfach gehaltene Kost.

Dampfgemüse mit Quinoa, Hirse & Co., oder für die entsprechenden Konstitutionstypen ein Anteil an Rohkost, stellen eine wunderbare Basis für dieses Leben dar.

Dennoch gibt es viele Genießer unter uns, die ab und zu einem besonderen Gaumenschmaus nicht widerstehen möchten.

Einige der folgenden Rezepte basieren daher auf raffinierten pflanzlichen Ideen, die ihren tierischen Originalen in keiner Weise nachstehen. Im Gegenteil, für das Wohl aller Wesen auf diesem Planeten und für Mutter Erde selbst möchte ich sie ganz besonders ins Rampenlicht stellen, um liebevoll zu zeigen, wie vielfältig eine pflanzliche Lebensweise ist.

Mein Wunsch ist es, dich zu inspirieren und somit diese kleinen Freuden des Lebens weiterzugeben. So schaffen wir es Schritt für Schritt Frieden, Harmonie und Einheit in unser Leben zu bringen. Wenn das nicht Yoga ist, was dann?

Von Herz zu Herz,
Julienne

DIE ERNÄHRUNG BEI YOGA VIDYA

Die yogische Ernährung stellt einen der Grundpfeiler des Hatha-Yoga dar und ist somit essentiell für das Gelingen einer intensiven spirituellen Praxis.

Die Yogaphilosophie besagt, dass wir weit mehr sind als der Körper. Wir sind reines, unsterbliches Bewusstsein (Sanskrit: *sac-cid-ānanda*), welches wir wieder erkennen möchten.

So ist es im Yoga das Ziel, dass die Nahrung sowohl für den physischen Körper als auch für den Energie- und Emotionalkörper nährend ist, um uns auf unserem (spirituellen) Weg optimal zu unterstützen.

Nahrungsmittel sollten im Sinne der Gewaltlosigkeit (*ahiṃsā*) zudem frei von tierischen Produkten sein. Ich empfehle dir zu diesem Thema am Ende des Buches einige Bücher und Filme.

Auch chemische Dünger, Antibiotika und Schwermetalle belasten den Körper stark und können durch biologische, regionale und saisonale Zutaten weitestgehend vermieden werden.

Bei Yoga Vidya gibt es zwei Mal täglich die Möglichkeit, ein vegan/vegetarisches sowie vorwiegend oder vollständig biologisches Buffet zu genießen.

Die Mahlzeiten sind so in den Tagesablauf eingegliedert, dass unsere Gäste an zwei Yogastunden bzw. Workshops teilnehmen können, ohne sich durch häufige, schwere Mahlzeiten zu belasten.

Zwischen dem Abendessen und dem Brunch liegen ca. 16 Stunden in denen der Körper die Nahrung vollständig verdauen kann. Diese Zeitaufteilung nennt man heute auch „Intervallfasten".

Sie hat den positiven Nebeneffekt, die Entgiftung zu unterstützen und einen erholsamen Schlaf zu fördern. Auch tiefe Meditation ist auf diese Weise leichter zu verwirklichen.

Eule und Elefant aus **veganer** Butter für unser Allgäuer Buffet zum Brunch. Wenn sich das Auge erfreuen kann, schmeckt das Essen noch besser.

Wo sind Knoblauch, Zwiebeln und Essig?

Ohne Frage geben sie einem Essen den ganz besonderen Kick und die meisten Menschen sind gewohnt, sie nahezu täglich zu sich zu nehmen. Es ist auch nicht anzuzweifeln, dass Zwiebeln und Knoblauch besondere gesundheitliche Wirkungen aufweisen und in der Hausapotheke seit jeher Anwendung finden – beispielsweise antibakteriell und krebshemmend wirken sowie Darmpilze verringern können.

Trotz all dieser positiven Wirkungen auf den Körper bringen sie, wie jedes andere Lebensmittel auch, eine energetische Wirkung mit sich.

Im Yoga versuchen wir, eine reine (sattvige) Lebensweise anzustreben und den Geist klar zu halten für die Meditation.

Um dies zu erreichen, praktizieren wir Asanas (Körperhaltungen), Pranayama (Atemübungen) und üben uns im Mitgefühl und Karma-Yoga im Alltag. Natürlich konsumieren wir nicht nur Lebensmittel als solche, sondern auch Gespräche, Filme, Musik, Nachrichten etc.

Knoblauch, Zwiebeln, Essig und im Übrigen auch Pilze haben eine tamasige bzw. rajasige Wirkung auf den Geist, was bedeutet, dass sie uns träge machen und den Geist vernebeln bzw. unruhig und gereizt werden lassen.

All das entfernt uns von tiefer Meditation, Einsicht und Selbstverwirklichung. Daher ist der yogische Ansatz, auf diese Lebensmittel zu verzichten.

Alternativen für einen ähnlichen Geschmack:

- **Knoblauch und Zwiebel:** Asafoetida-Pulver (in Maßen), gewürfelter und gebratener Fenchel
- **Essig:** Zitronensaft

HINWEISE ZUM KOCHBUCH

ABKÜRZUNGEN

ml	Milliliter
L	Liter
mg	Milligramm
g	Gramm
kg	Kilogramm
Msp.	Messerspitze
TL	Teelöffel
EL	Esslöffel
gestr.	gestrichen
geh.	gehäuft
gem.	gemahlen
getr.	getrocknet

ZUTATEN ERSETZEN

Süßungsmittel:

Verwende in den Rezepten den Zucker, den du bevorzugst. Dies kann zum Beispiel Rohrohrzucker, Vollrohrzucker, Birkenzucker, Kokosblütenzucker sein oder im Falle eines flüssigen Süßungsmittels Ahornsirup, Kokosblütensirup, Apfelsirup, Dattelsirup etc.

Stevia ist als Ersatz möglich, wenn das Süßungsmittel keine weitere Funktion im Rezept übernimmt. Dient es auch der Stabilität (in diesem Fall verwendet man eher feste Zucker), kann es nicht vollständig durch Stevia ersetzt werden, ohne das Rezept entsprechend anzupassen.

Pflanzendrinks:

Tiermilch kann in klassischen Rezepten meist 1:1 durch Pflanzendrinks wie Soja-, Mandel- oder je nach Funktion auch Haferdrink etc. ersetzt werden und diese sind, sofern nicht anders erwähnt, auch untereinander austauschbar.

Es gibt inzwischen eine unbeschreibliche Auswahl an bereits fertigen Pflanzendrinks zu kaufen oder du stellst sie selbst her. Eine Anleitung hierzu findest du in der Kategorie „Frühstücksrezepte" unter „Pflanzendrinks" (siehe S. 16).

Ersatz für Eier:

Eier werden klassischerweise beim Backen als Binde- oder als Lockerungsmittel genutzt. Für fluffige Gebäcke, wie Kuchen oder Muffins, können pro Ei ca. 50 g Apfelmus oder ½ zerdrückte Banane verwendet werden. Für Cookies, Gebäcke, Bratlinge etc. bei denen Eier vorwiegend binden sollen, können, je nach Geschmack, Soja- oder Johannisbrotkernmehl sowie Pfeilwurzstärke oder Kichererbsenmehl verwendet werden (pro Ei circa 1 EL aufgelöst in Wasser).

Alternativ kann man ein Leinsamen-„Ei" herstellen, indem man 2 EL Leinsamen schrotet und sie mit 4 EL Wasser aufquellen lässt.

Um „Eier"-Geschmack auch vegan erleben zu können, verwenden wir das indische Schwefelsalz Kala Namak. Da es salzig ist, wird die restliche Salzmenge im Rezept entsprechend reduziert.

FRÜHSTÜCKSREZEPTE

KITCHERY

ZUTATEN FÜR 4 PORTIONEN

200 g	Basmatireis
200 g	gelbes Mungdhal / gelbe Linsen
1 TL	Cumin, ganz
1 TL	Koriander, gem.
¼ TL	Asafoetida
1 EL	Kokosöl
1½ EL	schwarze Senfkörner, ganz
2 EL	Ingwer, geraspelt
1,5–2 L	Wasser
½ TL	Kurkuma, gem.
1 TL	Salz

ANLEITUNG

1. Wasche den Basmatireis und die Linsen gründlich mit kaltem Wasser, bis das Wasser ganz klar ist. Weiche sie über Nacht ein, und spüle sie nochmal kurz mit Wasser ab.

2. Mische Cumin, Koriander und Asafoetida in einer kleinen Schüssel.

3. Erhitze das Kokosöl kurz in einem Topf.

4. Gib die Senfkörner in das heiße Öl, lasse sie aufpoppen und füge anschließend die zuvor erstellte Gewürzmischung hinzu, sodass auch sie für ein paar Sekunden mit angebraten wird. Lösche mit dem Ingwer die angebratenen Gewürze ab.

5. Schließlich kommen Basmatireis und Mungdhal zur restlichen Mischung in den Topf und werden mit einem Teil des Wassers aufgefüllt. Nun füge Kurkuma hinzu, wodurch das Kitchery seine bekannte Farbe erhält, und Salz.

6. Das Kitchery sollte nun für etwa 10 Min. kochen. Dann stelle den Herd auf niedrige bis mittlere Stufe und fülle innerhalb der nächsten ca. 20 Min. Schritt für Schritt mehr Wasser hinzu und rühre dabei gut um. Das Kitchery ist fertig, wenn der Reis und die Linsen weich sind und sich zu einem homogenen Brei verbunden haben.

Kitchery wird z.B. mit Kokosöl (traditionell mit Ghee), geraspeltem Ingwer und Koriander serviert.

Wusstest du schon?

Kitchery kann als Nahrungsmittel zur Entschlackung oder zum Fastenbrechen genutzt werden, da es sehr gut verdaulich ist. Auch belastet es deine Yogapraxis nicht.

FRÜHSTÜCKSBREI

ZUTATEN FÜR 4 PORTIONEN

125 g	Haferflocken
400 ml	Hirsedrink
400 ml	Reisdrink
1 Stange	Zimt
3 Kapseln	Kardamom
½ TL	Ingwer, geraspelt oder gemahlen
1 Prise	Salz

Wahlweise kannst du Äpfel oder Bananen klein schneiden und vor dem Kochen hinzugeben. So ist das Obst dem Ayurveda folgend auch für „luftige“ Vata-Typen geeignet.

Als Toppings kannst du Nüsse und Samen verwenden wie z.B. Kokosraspeln, Haselnüsse, Walnüsse, Hanfsamen und Leinsamen.

ANLEITUNG

1. Gib alle Zutaten in einen Topf und koche sie gemeinsam auf.

2. Lasse den Brei für 2–3 Min. köcheln und anschließend für etwa 10 Min. ziehen. Verziere den Brei mit Toppings deiner Wahl.

Du hast auch die Möglichkeit, die Haferflocken am Vorabend einzuweichen, die Gewürze am Morgen kurz anzubraten und unter den Brei zu mischen. Dann ist der Brei etwas rohköstlicher, falls dies mehr deinem Typ entspricht.

Wusstest du schon?
Kardamom unterstützt deinen Körper beim Entsäuern.

PFLANZENDRINKS

ZUTATEN

100 g	Nüsse oder Samen (pro Drink 1–2 Sorten)	
80–90 g	Datteln (Einweichzeit ca. 2 h)	
1,5 L	Wasser	

Kokosraspeln (Einweichzeit ca. 2–3 h)
Hanfsamen (3–4 h)
Walnüsse, Paranüsse, Cashew (4–6 h)
Erdnüsse (5–7 h),
Sesam (8–10 h)
Haselnüsse, Mandeln (8–12 h)

Haferdrink schmeckt auf diese Weise zubereitet anders als der gekaufte. Industrieller Haferdrink wird mit fermentiertem Hafer hergestellt und schmeckt somit bereits süßlich.

ANLEITUNG

1. Weiche die Nüsse und die Datteln getrennt voneinander in Wasser ein (entsprechend der angegebenen Zeit), sodass sie gut bedeckt sind.

2. Spüle anschließend die Nüsse sehr gründlich und gib sie zusammen mit den Datteln (nicht spülen) und dem Wasser in einen großen Mixer.

3. Je nach Leistungsfähigkeit mixe alles für etwa 3–5 Min. bis keine Stückchen mehr vorhanden sind.

4. Dann filtere die Mischung durch einen Nussmilchbeutel und drücke sie gut aus, damit der übrig gebliebene Trester möglichst trocken ist.

Der Trester kann in süßen Aufstrichen, Kuchen oder Energiebällchen verwendet werden. Er hält sich unverarbeitet im Kühlschrank ca. 3 Tage.

Die fertige „Milch" hält sich bei hygienischen Bedingungen 4–5 Tage im Kühlschrank.

MÖHRENLACHS-BRÖTCHEN

ZUTATEN FÜR 8-10 PORTIONEN

ca. 400 g	Möhren
2 EL	Tamari
2 EL	Zitronensaft
2 EL	Leinöl
3 Tropfen	Liquid Smoke
2 gestr. EL	Dill
1	Noriblatt

Der fertige Möhrenlachs hält sich einige Tage im Kühlschrank. Somit lohnt es sich, diese etwas größere Menge vorzubereiten.

ANLEITUNG

1. Schäle die Möhren und nutze den Sparschäler anschließend weiter, um feine Scheiben zu erzeugen (siehe Bild).

2. Dämpfe die Möhrenfilets in einem Dampfgarer oder alternativ in einem Sieb über kochendem Wasser für ca. 7–10 Min., bis die Möhren weich sind, aber dennoch weiterhin eine gute Struktur haben.

3. Für die Marinade mische Tamari, Zitronensaft, Leinöl, Liquid Smoke, Dill und das zerkleinerte Noriblatt. Verrühre alles gut.

Das Noriblatt zerkleinerst du am besten, indem du es per Hand mehrfach faltest und anschließend mit einer Schere klein schneidest. So vermeidest du viele Krümel.

4. Gib die Möhrenfilets in eine Schüssel, füge die Marinade hinzu und massiere sie in die Möhren ein. Singe oder rezitiere dabei ein schönes Mantra.

Der Möhrenlachs sollte mindestens 24 h marinieren, gern auch bis zu 3 Tage. Er wird mit jedem Tag etwas intensiver.

Unser Tipp: Genieße den Lachs klassisch auf Brot und Brötchen oder alternativ als Lachs-Pasta mit deinen Lieblingsnudeln, heller Soße, Rucola und Kirschtomaten gemischt.

Hinweis: Norialgen sind in vielen Asia-Läden erhältlich, du solltest dich allerdings informieren in wiefern sie belastet sind durch Schwermetalle etc. Alternativ kaufe sie im Bioladen oder Reformhaus.

Liquid Smoke findest du fast ausschließlich über Angebote im Internet. Eine Flasche hält sehr lang, da du für jedes Rezept nur wenige Tropfen verwendest. Die angegebene Menge sollte nicht überschritten werden.

OYER-SALAT

WIE EIERSALAT

ZUTATEN FÜR 4-6 PORTIONEN

3	mittelgroße gelbe oder grüne Zucchinis
	Öl zum Anbraten
125 ml	Sojasahne
200 ml	neutrales Öl
½ TL	Salz
1 TL	Kala Namak
½ TL	Kurkuma, gem.
1 Msp.	Asafoetida
¼ TL	Paprikapulver
1 Tropfen	Liquid Smoke
25 ml	Orangensaft
½ Bund	Dill u. / o. Basilikum, gehackt

Wusstest du schon, dass unser Allgäuer Ashram in Oy-Mittelberg liegt?

ANLEITUNG

1. Schäle die Zucchinis, da der „Eier"-Salat sonst bitter wird, und würfle sie anschließend. Brate die Würfel bei niedriger Hitze in etwas Öl an, sodass sie weich aber nicht dunkel werden.

2. Für die „Eier"-Soße gib die Sojasahne in einen Messbecher und füge nach und nach das Öl hinzu. Mixe währenddessen alles mit einem Pürierstab.

3. Gib Salz, Kala Namak, Kurkuma, Asafoetida, Paprikapulver und Liquid Smoke hinzu. Dann gieße langsam den Orangensaft hinein, sodass das Eiweiß in der Sojasahne gerinnt und eine cremige Soße entsteht. Hier ist keine Alternative zu Sojasahne möglich, da sie mehr Eiweiß beinhaltet als beispielsweise Hafer- oder Reiscuisine.

4. Vermische die Zucchinistückchen und die Soße und garniere den „Eier"-Salat mit frischem Dill und/oder Basilikum. Serviere den Salat mit einem frisch gebackenen Brot oder Pellkartoffeln.

TOFU-SCRAMBLE

WIE RÜHREI

ZUTATEN FÜR 4 PORTIONEN

500 g	Natur-Tofu
	Öl oder vegane Butter
½–1 TL	Kurkuma, gem.
optional: 1	Tomate, klein gewürfelt
50 g	frische Petersilie, gehackt
100–200 g	Mayonnaise (selbst gemacht, siehe S. 48)

ANLEITUNG

1. Zerbrösle den Tofu mit den Händen in mittelgroße Stücke und brate ihn in Öl oder veganer Butter mit Kurkuma an, bis der Tofu gold-braun ist. Dies kann einige Minuten dauern. Optional kannst du eine gewürfelte Tomate mit anbraten.

2. Bereite parallel die Mayo zu wie du sie unter „Dips & Soßen" findest (siehe S. 48). Würze die Mayo etwas intensiver, um dem neutralen Tofu mehr Geschmack zu verleihen. Füge alles zusammen und garniere dein Scramble mit Petersilie.

Unser Tipp: Auch wenn es sehr lecker ist, solltest du wegen der hinzugefügten Mayo nicht zu viel vom Tofu-Rührei essen, da du sonst sehr träge werden könntest.

GLUTENFREIE PANCAKES

ZUTATEN FÜR 5-6 PORTIONEN

125 g	Buchweizenmehl
125 g	Hafermehl
1 Msp.	Zimt
1 Msp.	Vanille
1 Prise	Salz
1 Msp.	Stevia
4 TL	Backpulver
4 EL	Apfelmus (gerne selbstgemacht)
2 geh. EL	Nussmus
180 ml	Pflanzendrink
100 ml	Mineralwasser oder Mandelmus oder pflanzlicher Joghurt
	Öl zum Braten, z.B. Kokosöl

ANLEITUNG

1. Vermische alle trockenen Zutaten und gib dann nacheinander Apfelmus und Nussmus sowie Pflanzendrink und Mineralwasser hinzu.

2. Erhitze eine Pfanne mit etwas Öl und gib, sobald sie gut aufgeheizt ist, mit einem Löffel den Teig hinein.

3. Brate die Pancakes kurz von beiden Seiten bei mittlerer Hitze, sodass sie nicht zu dunkel werden bevor sie durchgebraten sind.

Die Pancakes schmecken besonders gut mit warmem Apfelmus und Ahornsirup oder Dattelcreme (siehe unten).

DATTELCREME

Weiche 500 g Datteln für ein paar Stunden in 1 L Wasser ein, gib sie in einen Mixer und püriere die Dattelmischung bis eine flüssige Dattelcreme entsteht. Diese kannst du zum Süßen in vielen Gerichten als Ersatz für Sirups verwenden.

VEGANE OMELETTS

AUS KICHERERBSENMEHL

ZUTATEN FÜR 4-6 PORTIONEN

300 g	Kichererbsenmehl
3 EL	Pfeilwurzstärke o. Sojamehl
2–3 TL	Kala Namak
1 TL	Backpulver
½ TL	Kurkuma, gem.
250 g	pflanzl. Joghurt, ungesüßt
500 ml	Wasser
1 EL	Hefeflocken
1 EL	Flohsamenschalen
	Öl zum Anbraten
optional	Pfeffer

ANLEITUNG

1. Vermische alle Zutaten miteinander und lass den Teig für 5 Min. stehen.

2. In dieser Zeit gib etwas Öl in eine Pfanne und erhitze es.

3. Brate die „Omeletts“ nachdem die Pfanne gut durchgeheizt ist auf mittlerer Stufe, bis sie gold-braun sind. Die Omletts sollten UNBEDINGT frisch gebacken gegessen werden – dann schmecken sie am besten!

Ein herzhaft-leckeres Frühstück – gern auch mit Gemüse gebacken als Bauernfrühstück!

BROTREZEPTE

DINKEL-MÖHREN-KÖRNER-BROT

ZUTATEN FÜR 2 MITTELGROßE BROTE

1½ EL	Trockenhefe
1 L	lauwarmes Wasser
1 TL	Kokosblüten- oder Vollrohrzucker
750 g	Dinkelvollkornmehl
200 g	Kürbiskerne
200 g	Sonnenblumenkerne (optional geröstet)
1 geh. EL	Salz
1–2 EL	Kümmel, gem.
4 EL	Zitronensaft
250 g	Haferflocken
350 g	Möhre, geraspelt

Hinweise: Du hast die Möglichkeit, die geraspelte Möhre durch rote Beete oder Zucchini zu ersetzen. Solltest du Probleme haben die Hefe gut zu verdauen, dann reduziere die Hefemenge etwas und lasse das Brot länger an einem warmen Ort stehen oder probiere das glutenfreie Brot (siehe S. 27), welches ohne Hefe gebacken wird.

ANLEITUNG

1. Löse die Hefe im lauwarmen Wasser auf, gib den Zucker hinzu und lasse die Mischung für 10 Min. stehen bis sich kleine Bläschen gebildet haben.

2. Vermische das Dinkelmehl mit den Kürbis- und Sonnenblumenkernen.

3. Gib Salz und Kümmel hinzu (ggf. weitere Gewürze nach Geschmack).

4. Lege deine Backform mit einem Streifen Backpapier aus oder fette sie ein.

5. Gib den Zitronensaft in die Hefe-Wasser-Mischung und gib diese anschließend unter die Mehlmischung.

6. Gib Haferflocken und geraspelte Möhre hinzu. Verknete den Teig gut für einige Minuten, fülle ihn anschließend in deine Backform und lasse ihn an einem warmen Ort für ca. 60 Min. gehen. Die Form darf max. bis zur Hälfte gefüllt werden, damit der Teig beim Gehen nicht überquillt.

7. Backe das Brot für ca. 45 Min. bei 180 °C, lasse es anschließend auskühlen und nimm es aus der Form. Wickle es in ein Küchentuch ein, sodass es für 3–4 Tage frisch bleibt.

DINKEL-FRÜCHTE-NUSS-BROT

ZUTATEN FÜR 2 MITTELGROßE BROTE

750 g	Dinkelvollkornmehl	150 g	Zucchini, geraspelt
250 g	Haferflocken	2 EL	Salz
400 g	Dattelwürfel	1 L	lauwarmes Wasser
100 g	Rosinen / Sultaninen	1 ½ EL	Trockenhefe
400 g	Haselnüsse	1 TL	Kokosblütenzucker

ANLEITUNG

1. Mische Mehl, Haferflocken, Früchte, Haselnüsse, geraspelte Zucchini und Salz miteinander.

2. Anschließend mixe Wasser, Hefe und Zucker gründlich mit einem Schneebesen.

3. Forme nun in der Mitte der Mehl-Mischung eine große Kuhle und schütte dort die Wasser-Hefe-Zucker-Mischung hinein.

4. Lasse die Schüssel für ca. 15 Min. an einem warmen Ort stehen. Bereite in dieser Zeit zwei Backformen vor mit einem Streifen Backpapier oder fette die Formen ein und streue sie mit feinen Haferflocken aus.

5. Nun sollten sich durch die Hefe einige Bläschen im Wasser gebildet haben. Vermische alle Zutaten gründlich miteinander und knete den Teig bis sich alles gut verbunden hat.

7. Fülle deine Backformen zur Hälfte und lasse das Brot für ca. 60 Min. gehen.

8. Anschließend backe es bei 180 °C für ca. 45 Min. Da jeder Ofen anders ist, kann die Zeit variieren. Beim Stäbchentest sollte nichts kleben bleiben. Grundsätzlich ist dieses Brot aber sehr saftig. Genieße es pur, mit Alsan oder selbstgemachter Marmelade. Mmh, lecker!

FLUFFIGES DINKEL-JOGHURT-BROT

ZUTATEN FÜR 2 MITTELGROẞE BROTE

250 g	Haferflocken
250 ml	heißes Wasser
500 g	pflanzl. Joghurt, ungesüßt
500 ml	kaltes Wasser
1 ½ EL	Trockenhefe
30 ml	Reissirup
750 g	Dinkelvollkornmehl
4 TL	Salz
30 ml	Olivenöl

ANLEITUNG

1. Überbrühe die Haferflocken mit dem heißen Wasser und stelle sie beiseite.

2. Lege deine Backformen mit Backpapier aus oder fette sie ein.

3. Gib den Joghurt und das kalte Wasser in einen Topf, vermenge es und erwärme beides kurz auf ca. 40 °C.

4. Fülle die Joghurt-Wasser-Mischung in eine Rührschüssel und füge die Hefe und den Reissirup hinzu. Rühre gut um, bis sich alles aufgelöst hat.

5. Anschließend gib das Mehl, die gequollenen Haferflocken sowie das Salz und Öl dazu und knete den Teig per Hand oder mit einer Küchenmaschine für 5–8 Min.

6. Fülle den fertigen Teig in die vorbereiteten Formen und lasse ihn für ca. 60 Min. zugedeckt bei Zimmertemperatur oder wärmer gehen – Zeit für ein paar Mantras oder Asanas.

7. Heize den Backofen auf 200 °C Ober-/Unterhitze oder 180 °C Umluft vor. Backe das Brot für 50–60 Min., senke nach 40 Min. die Temperatur um 20 °C. Optional stelle während des Backens ein ofenfestes Gefäß mit heißem Wasser auf den Ofenboden, so verliert das Brot nicht zu stark an Flüssigkeit.

8. Lasse das Brot anschließend kurz abkühlen, stürze es dann aus der Form. Warte vor dem Verzehr, bis es auf einem Kuchengitter vollständig abgekühlt ist.

GLUTENFREIES BROT

ZUTATEN FÜR 1 BROT (26 CM FORM)

55 g	Chiasamen
320 ml	Wasser
200 g	Buchweizenmehl
100 g	Quinoa
100 g	Haferflocken
4 TL	Backpulver
2 TL	Salz
210 ml	Wasser
80 ml	Olivenöl
optional	Sonnenblumen- oder Kürbiskerne

ANLEITUNG

1. Verrühre in einem Gefäß die Chiasamen mit 320 ml Wasser und lasse sie für ca. 20 Min. stehen, bis eine gelartige Konsistenz entstanden ist.

2. Währenddessen mahle Buchweizen, Quinoa und Haferflocken in einer Getreidemühle oder in einem leistungsstarken Mixer zu Mehl.

3. Verrühre anschließend in einer Rührschüssel die Mehlmischung mit Backpulver und Salz.

4. Dann gib 210 ml Wasser, das Öl und das Chiagel hinzu und verrühre den Teig nur kurz, damit das Brot auf jeden Fall gut aufgeht und weich wird.

5. Fülle den Teig in eine eingefettete oder mit Backpapier ausgelegte Backform und streue nach Belieben Sonnenblumen- oder Kürbiskerne darüber.

6. Backe das Brot bei 180 °C Ober-/Unterhitze für ca. 70 Min. oder bis am Holzstäbchen in der Mitte des Brotes nichts mehr kleben bleibt.

7. Nimm das Brot anschließend aus dem Ofen und lasse es vollständig auskühlen.

UNSERE TIPPS

Damit das glutenfreie Brot länger haltbar ist, solltest du es nach dem Backen gut auskühlen lassen und dann gekühlt in einer Box lagern, zum Beispiel im Kühlschrank. Es hält sich dann 5–7 Tage.

Falls du eine Getreidemühle zu Hause hast, dann nutze diese um Buchweizen, Quinoa und Haferflocken zu mahlen. Alternativ hast die Möglichkeit, dies in kleinen Mengen in einem guten Mixer zu tun.

ITALIENISCHE FOCACCIA

ZUTATEN FÜR 4-6 PORTIONEN

175 ml	lauwarmes Wasser
½ TL	Kokosblütenzucker
10 g	Trockenhefe
250 g	Dinkelvollkornmehl
20 ml	Olivenöl
½ TL	Salz
2–3 EL	pflanzlicher Joghurt (optional, macht die Focaccia fluffiger)
Toppings:	Pflanzendrink Kümmel Schwarzkümmel Sesam

ANLEITUNG

1. Vermische das lauwarme Wasser mit Zucker und Trockenhefe.

2. Fülle das Mehl in eine Schüssel, mache eine Mulde und fülle die Wasser-Mischung hinein.

3. Lasse alles an einem warmen Ort für 15 Min. gehen. Dann füge Öl, Salz und Joghurt hinzu und verknete alles gut.

4. Lasse den Teig erneut für 60 Min. gehen und breite ihn auf einem eingefetteten oder mit Backpapier ausgelegten Blech aus.

5. Du kannst mit der Rückseite eines großen Messers ein Muster in den Teig hineindrücken, den Teig mit Pflanzendrink einpinseln und nach Geschmack Kümmel oder Sesam darüber streuen.

6. Backzeit 25–30 Min. bei 200 °C.

INDISCHE CHAPATIS

ZUTATEN FÜR 7 STK.

300 g	Dinkelvollkornmehl
½ TL	Salz
1½ TL	Cumin, ganz
4 EL	Olivenöl
150–200 ml	lauwarmes Wasser

ANLEITUNG

1. Mische Mehl, Salz und Cumin in einer Schüssel. Daraufhin rühre das Öl unter sowie anschließend das lauwarme Wasser.

2. Beginne mit 150 ml, knete die Masse zu einem Teig und erfühle, ob du das restliche Wasser hinzugeben möchtest. Der Teig sollte sich gut ausrollen lassen.

3. Bemehle die Arbeitsfläche und ein Nudelholz, teile den Teig in kleine Stücke (eines sollte ca. 70 g wiegen), und rolle dann nacheinander die Teigfladen hauchdünn aus.

4. Erhitze eine Pfanne und brate die Teigfladen auf hoher Stufe ohne Öl (!) für 30–60 Sekunden, bis der Teig Blasen wirft und braune Stellen bekommt.

5. Wende das Chapati und brate es für weitere 30–60 Sekunden.

Kombiniere diese leckeren indischen Teigfladen mit unserem herzhaften Mango-Dip oder Chutneys deiner Wahl! (siehe S. 36 und S. 51)

ABENDESSEN

KIDNEYBOHNEN-BURGER

ZUTATEN FÜR 3–4 STK.

250 g	Kidneybohnen, gekocht
60–80 g	Haferflocken, gem.
1	Karotte, geraspelt
1 EL	Sojasoße / Tamari
1 TL	Senfkörner, gem.
1 EL	Tomatenmark
1–2 EL	Kümmel
50 g	Petersilie, frisch, gehackt
	Salz & Pfeffer

Hinweis: Du kannst Kidneybohnen aus einer Dose bzw. einem Glas verwenden oder getrocknete Bohnen. Wasche die getrockneten Kidneybohnen und weiche sie über Nacht ein. Spüle sie am nächsten Tag gut und koche sie in frischem Wasser bis sie weich sind. Spüle die Bohnen vor dem Pürieren erneut gut ab.

ANLEITUNG

1. Püriere die Kidneybohnen (kleine Stücke dürfen übrigbleiben).

2. Mische dann alle weiteren Zutaten unter und verknete die Masse gut – am besten mit den Händen.

3. Forme die Bratlinge in der gewünschten Größe und brate sie anschließend in einer gut erhitzten Pfanne von beiden Seiten, bis sie innen durchgebraten sind und außen eine leckere Kruste entstanden ist.

4. Kombiniere den Bratling mit dem Burger-Brötchen deiner Wahl, selbstgemachtem Ketchup und Mayo, Salat & Co.

Unser Tipp: Du kannst die Kidneybohnen auch durch schwarze Bohnen ersetzen.

ERDNUSSPFANNE MIT KURKUMAREIS

ZUTATEN FÜR 2–3 PORTIONEN

3 EL	Olivenöl oder Kokosöl
300 g	Gemüse, geschnitten (Karotten, Paprika, Brokkoli, Zucchini)
200 ml	Orangensaft
400 ml	Gemüsebrühe (salzfrei)
1 EL	Curry
1 TL	Salz
¼ TL	Pfeffer
1 EL	Ingwer, geraspelt

ERDNUSSCREME

60 g	Erdnüsse, geröstet
50 ml	Soja- oder Reissahne
20 ml	Wasser oder Gemüsebrühe
1 TL	Zitronensaft
½ TL	Salz

REIS

150 g	Basmatireis o. Vollkornreis
1 TL	Salz
1 EL	Kurkuma, gem.
500 ml	Wasser

ANLEITUNG

1. Koche den Reis mit dem Salz, bis er gar ist, und gib anschließend Kurkuma hinzu.

2. Brate das Gemüse in einem Topf mit dem Olivenöl an.

3. Gib dann Orangensaft und Brühe hinzu und lasse alles für ein paar Minuten köcheln.

4. Mixe währenddessen die Zutaten für die Erdnusscreme, bis eine homogene Masse entsteht. Mahle dafür zuerst die gerösteten Erdnüsse und füge anschließend die restlichen Zutaten hinzu.

5. Gib die Erdnusscreme zum Gemüse-Mix und lasse alles für weitere 2–3 Min. auf mittlerer Stufe köcheln. Guten Appetit!

VOLLWERT-SUSHI

ZUTATEN FÜR 4-6 PORTIONEN

200 g	Rundkorn-Vollkornreis
1,7 L	Wasser
1 EL	Zitronensaft
1	Avocado
½	Gurke
1	Möhre, geraspelt
5–6	Nori-Algenblätter
beliebig	Sojasoße / Tamari
optional	eingelegter Ingwer, Wasabi Möhrenlachs (siehe S. 17)

ANLEITUNG

1. Wasche den Vollkornreis gründlich und lasse ihn zunächst mit 1200 ml Wasser kochen, bis der Reis das Wasser vollständig aufgenommen hat. Dann gib das restliche Wasser hinzu. Sollte es erneut aufgesaugt und der Reis noch nicht gar und klebrig sein, gib erneut etwas Wasser hinzu. Du solltest das Wasser zu Beginn nicht auf einmal hineingeben, da der Reis dadurch weniger klebrig und die Sushi-Rolle somit nicht halten wird.

2. Lasse den Reis ganz auskühlen, nachdem du den Zitronensaft untergerührt hast.

3. Währenddessen schneide Avocado und Gurke in längliche Streifen.

4. Leg das Nori-Algenblatt vor dir aus, gib flach einen Streifen Reis darauf sowie 2–3 Gemüsestreifen und geraspelte Möhre und rolle von einer Seite das Nori-Algenblatt auf. Den letzten offenen Streifen kannst du mit Wasser bestreichen, bevor du die Rolle schließt, sodass sie besser zusammenhält. Dieser Vorgang erfordert ein paar Versuche, aber mit der Zeit werden deine Sushi-Rollen immer professioneller aussehen.

Hinweis: Klassisch kombiniert man Sushi mit Sojasoße, Wasabi und eingelegtem Ingwer (Gari). Achtung, wenn du diesen nicht selbst herstellst, ist er meist in Essig und viel raffiniertem Zucker eingelegt. Wasabi ist häufig mit Milchpulver gestreckt, aber du wirst auch solche finden, die keines beinhalten.

GEBACKENE TOMATEN

MIT ZITRONEN-FÄCHERKARTOFFELN

ZUTATEN FÜR 2-3 PORTIONEN

1	kleine Aubergine
150 g	Kürbis
180 g	Sonnenblumenkerne, geröstet, gehackt
1 Bund	Koriander oder Petersilie, gehackt
30 g	Rosinen
½ TL	Zimt
	Salz & Pfeffer,
optional	Sojasoße
6	Tomaten, ganz

ZITRONENKARTOFFELN

300 g	Kartoffeln
2	Zitronen
	Olivenöl
	Salz

ANLEITUNG

1. Würfle die Aubergine und den Kürbis fein und brate sie an.

2. Gib alle anderen Zutaten, bis auf die Tomaten, hinzu und vermische sie.

3. Köpfe die Tomaten, höhle sie aus und fülle sie mit der vorbereiteten Mischung.

4. Wasche die Kartoffeln und schneide sie gleichmäßig ein, ohne sie durchzuschneiden. Pinsle sie mit etwas Olivenöl und Zitronensaft ein.

5. Backe oder grille die Kartoffeln für ca. 20 Min. bei 180 °C, dann schiebe auch die Tomaten in den Ofen und backe sie zusammen für weitere 15–20 Min. Streue etwas Zitronenabrieb darüber und nach Belieben etwas Salz.

GEMÜSE-PAKORA MIT MANGO-DIP

ZUTATEN FÜR 2-3 PORTIONEN

FÜR DIE PAKORA

500 g	Gemüse (z.B. Kartoffel, Süßkartoffel, Brokkoli, Zucchini, Aubergine, ...)
220 g	Kichererbsenmehl
1 TL	Kreuzkümmel, gem.
¼ TL	schwarzer Pfeffer, gem.
½ TL	Koriander, gem.
1 TL	Paprikapulver edelsüß
½ TL	Kurkuma, gem.
1–2 TL	Salz
300 ml	kaltes Wasser
1 L	Pflanzenöl

FÜR DEN MANGO-DIP

600 g	Mangopüree
100 g	Möhren, geraspelt
1 EL	Zitronensaft
1 ½ TL	Salz
¼ TL	Asafoetida
1 Prise	Chili
½ TL	Koriander, gem.
1 TL	Kreuzkümmel, gem.

ANLEITUNG

1. Schneide dein Lieblingsgemüse in mundgerechte Stücke.

2. Dann mische das Kichererbsenmehl mit den Gewürzen und dem Salz und füge anschließend das kalte Wasser hinzu.

3. Verrühre alles, bis eine sämige Masse entsteht. Solltest du diese nicht gleich verarbeiten, muss vor dem Frittieren evtl. noch mehr Wasser hinzugefügt werden, da das Kichererbsenmehl die Masse andickt.

4. Erhitze dein Öl (es sollte gut erhitzbar sein wie z.B. Erdnussöl) in einem Topf und warte, bis es sehr heiß ist. Mach ein Probestück Gemüse und schau, ob es gut frittiert.

5. Tunke jedes Gemüsestück mit den Fingern in die Kichererbsenmasse, bis es gut bedeckt ist, und gib es dann vorsichtig ins heiße Öl. Fahre so mit allen Stücken fort. Du wirst je nach Topfgröße mehrere Durchgänge benötigen.

6. Während die Pakoras ausbacken, mische alle Zutaten des Mango-Dips und püriere sie mit einem Stab oder im Mixer.

Tipp: Das benutzte Öl muss entweder gesondert in einem Glas im Restmüll entsorgt werden oder kann, wie in unserer Küche, in einer Öllampe verbrannt werden.

LASAGNE

MIT BÉCHAMEL- & BOLOGNESESOßE

ZUTATEN FÜR 4-6 PORTIONEN

8–10 Stk.	Dinkel-Lasagne-Nudelplatten
½ Bund	Petersilie
optional	veganer Pizzakäse

FÜR DIE BÉCHAMELSOßE

3 EL	vegane Butter (z.B. Alsan)
30 g	Dinkelvollkornmehl
300 ml	Pflanzendrink
60 g	Cashews (optional)
3 EL	Hefeflocken
1 TL	Salz

FÜR DIE BOLOGNESESOßE

120 g	Sojagranulat
	kochendes Wasser
2	Karotten
2 Stangen	Sellerie
4 EL	Olivenöl
2 EL	Sojasoße / Tamari
4 EL	Tomatenmark
2 Zweige	Thymian
1 TL	Oregano, gerebelt
600 ml	Tomatenpassata
100 ml	Gemüsebrühe
	Salz & Pfeffer
optional	Basilikum zum Garnieren

Wir verwenden vorwiegend veganen Käse zum Überbacken, da – entgegen der immer noch geläufigen Meinungen – die Verwendung von Milch von Tieren, die für deren Babys gedacht ist, nicht leidfrei möglich ist. Auch bei Biokäse wird das Kalb der Mutter weggenommen und hat durch eine längere Zeit sogar eine noch tiefere Bindung aufgebaut. Probiere beispielsweise den Pizzaschmelz von Wilmersburger auf der Lasagne und du wirst merken, dass du nichts vermisst. **Ich danke dir!** ♥

Anleitung Bolognesesoße

1. Weiche das Sojagranulat für ca. 15 Min. in kochendem Wasser ein.

2. Würfle Karotten und Sellerie währenddessen klein.

3. Gib 2 EL Olivenöl in eine heiße Pfanne und brate das Sojahack für ca. 15 Min. unter Rühren scharf an.

4. Lösche es mit der Sojasoße ab, nimm die Mischung aus der Pfanne und stell sie beiseite.

5. Gib nun das übrige Öl in eine Pfanne und röste die Gemüsewürfel bei mittlerer Hitze an. Füge anschließend das Tomatenmark hinzu und lasse alles auf niedriger bis mittlerer Hitze für ca. 2 Min. karamellisieren.

6. Rühre jetzt das Sojahack und die Kräuter unter, lösche es mit Tomatenpassata und Gemüsebrühe ab und schmecke mit Salz und Pfeffer ab.

7. Lasse die Soße nun mit Deckel bei niedriger Hitze für ca. 30 Min. köcheln, sodass sie einreduziert. Rühre dabei regelmäßig um. Bei Bedarf Flüssigkeit hinzugeben.

Heize den Backofen auf 200 °C Ober-/Unterhitze vor.

Anleitung Béchamelsoße

1. Lasse die vegane Butter in einem heißen Topf bei mittlerer Hitze schmelzen und füge nach und nach unter Rühren das Mehl hinzu.

2. Röste dieses weiterhin unter ständigem Rühren für 1 Min. an. Gib den Pflanzendrink und 100 ml Wasser hinein, um die Mehlschwitze abzulöschen.

3. Füge die restlichen Zutaten hinzu, lass die Soße aufkochen und für 5 Min. bei niedriger Hitze köcheln. Nimm sie anschließend vom Herd und stell sie beiseite.

Anleitung Lasagne

1. Pinsle deine Auflaufform mit etwas Olivenöl ein und schichte anschließend nacheinander Bolognesesoße, Béchamelsoße und Nudelplatten übereinander. Wiederhole diesen Schritt drei Mal und beende dann mit einer Schicht Béchamelsoße. Optional kannst du veganen Pizzakäse darüberstreuen.

2. Backe die Lasagne für 45–50 Min. und toppe sie anschließend mit Basilikum.

Tipp: Für eine glutenfreie Variante kaufe glutenfreie Nudelplatten oder verwende feingeschnittene Zucchini, ersetze das Dinkelmehl in der Béchamelsoße z.B. durch Reismehl und achte darauf, dass die Hefeflocken glutenfrei sind (häufig auf Weizenbasis).

KICHERERBSEN-KOKOS-SUPPE

ZUTATEN FÜR 4 PORTIONEN

150 g	Suppengemüse (Möhren, Sellerie, Stangensellerie)
2 EL	Olivenöl
1 EL	Sojasoße / Tamari
3	Tomaten, gewürfelt
2 geh. EL	Tomatenmark
250 g	Kichererbsen, gekocht
½ TL	Paprika
1 TL	Ingwer, geraspelt
100 ml	Kokosmilch
200 ml	Wasser / Gemüsebrühe (salzfrei)
75 ml	Apfelsaft
1 EL	Zitronensaft

GEWÜRZE & KRÄUTER

1 TL	Salz
½ TL	Pfeffer, gemahlen
½ TL	Thymian

Hinweis: Gib zusätzliches Wasser oder Brühe hinzu, wenn du die Suppe flüssiger haben möchtest. Dies könnte auch notwendig sein, wenn du sie erneut aufwärmen möchtest.

ANLEITUNG

1. Schneide das Suppengemüse in 2–3 cm große Stücke.

2. Gib das Olivenöl in einen mittelgroßen Topf und brate das Gemüse an, bis es leicht gebräunt ist.

3. Lösche es dann mit der Sojasoße ab und füge Tomaten, Tomatenmark, Kichererbsen, Paprika und Ingwer hinzu.

4. Brate alles für wenige Minuten an und gib die Flüssigkeiten hinzu.

5. Lasse die Suppe für etwa 30 Min. köcheln. Schmecke nun mit Salz, Pfeffer und Thymian ab. Du kannst die Mengen verändern, sodass es für dich stimmig ist.

6. Püriere anschließend die Suppe mit einem Pürierstab oder im Mixer.

Wichtig: Wenn du getrocknete Kichererbsen verwendest (in diesem Fall entspricht dies 125 g), sollten diese eingeweicht werden. Spüle die Kichererbsen gut mit Wasser und entferne so Verunreinigungen. Fülle die sauberen Kichererbsen in einen Topf mit der dreifachen Menge Wasser, lasse sie über Nacht stehen, spüle sie am nächsten Tag erneut gut ab und koche sie dann in frischem Wasser bis sie gar sind. Die Kochzeit verkürzt sich so auf max. 60 Min.

SELLERIE-SCHNITZEL

ZUTATEN FÜR 4 PORTIONEN

1	Knollensellerie
150 g	Stärke
2 TL	Salz
2 TL	Kurkuma, gem.
2 TL	Paprika, gem.
1–2 TL	schwarzer Pfeffer, gem.
1 TL	Senfsamen, gem.
150 ml	Wasser
250 g	Sesam
	Mehl zum Panieren (optional glutenfrei)

ANLEITUNG

1. Schäle den Sellerie und schneide ihn in ca. 1 cm dicke Scheiben. Koche den Sellerie im Topf, sodass er noch bissfest ist.

2. In der Zwischenzeit verrühre die Stärke mit dem Salz und den Gewürzen und gib ca. 150 ml Wasser dazu, sodass eine zähflüssige Masse entsteht.

3. Tauche die gekochten Selleriescheiben zuerst in Mehl, dann in die Stärkemischung und zum Schluss in den Sesam zum Panieren.

4. Gib die Schnitzel auf ein geöltes Blech und backe sie bei 180 °C für ca. 15 Minuten. Wende sie nach etwa 8 Minuten. Alternativ kannt du die Selleriescheiben auch von beiden Seiten goldbraun anbraten.

Häufig ungesehene Wunderknolle: Knollensellerie gilt als stark basisch. Er hat eine leicht kühlende Wirkung und wirkt entschlackend sowie schleimlösend. Knollensellerie sollte aus biologischem Anbau stammen, da er aus belasteten Böden viel Nitrat speichern kann.

DRESSINGS

TAHIN-DRESSING

ZUTATEN

50 g	Sonnenblumenkerne, ger.
20 g	Rosinen
15 ml	Zitronensaft
12 ml	Apfelsaft
300 ml	Hirsedrink
1 TL	Salz
60 g	Tahin (Sesammus)
20 ml	Olivenöl
¼ TL	schwarzer Pfeffer, gem.

ANLEITUNG

Püriere alle Zutaten im Mixer für 3–4 Min., bis das Dressing cremig ist.

ORANGEN-DATTEL-DRESSING

ZUTATEN

120 ml	Datteln, Feigen o. Aprikosen
250 ml	Orangensaft
250 ml	Apfelsaft
60 ml	Olivenöl
½ TL	Salz
½ TL	weißer Pfeffer, gem.
¼ TL	Senfsamen, gem.

ANLEITUNG

Püriere alle Zutaten im Mixer für 3–4 Min., bis das Dressing cremig ist.

Unser Tipp: Kombiniere das Orangen-Dattel-Dressing mit Chicorée, gerösteten Walnüssen und Orangen. Ersetze dafür den Apfelsaft durch mehr Orangensaft.

KRÄUTER-VEGGIEGRETTE

ZUTATEN

250 ml	Sojadrink
30 ml	Zitronensaft
½ gestr. TL	Salz
¼ TL	Pfeffer, gem.
20 ml	Reissirup
240 ml	Olivenöl
½ Bund	Kräuter (z.B. Petersilie oder Dill)

In diesem Rezept ist als Alternative zum Sojadrink nur Sojasahne und Wasser zu gleichen Teilen möglich. Andere Pflanzendrinks enthalten für dieses Rezept zu wenig Eiweiß, welches mit dem Zitronensaft gerinnt und das Dressing cremig macht.

ANLEITUNG

1. Mixe zuerst Sojadrink, Zitronensaft, Salz, Pfeffer und Reissirup.

2. Dann füge bei langsamer Geschwindigkeit das Öl hinzu (wenn zu schnell gemixt wird, wird das Dressing ungewünscht dickflüssig).

3. Zum Schluss gib die klein gehackten Kräuter hinzu. Mixe alles kurz durch, ohne dass sich das Dressing grün färbt.

Über Nacht kann sich das Dressing eindicken, füge in diesem Fall etwas Wasser hinzu.

DIPS & SOẞEN

TOMATEN-KETCHUP & VEGANE „MAYA"-NNAISE

ZUTATEN FÜR KETCHUP

1 EL	Olivenöl
1 Stange	Sellerie (ca. 60 g), gewürfelt
1 kg	aromat. Tomaten, gewürfelt
1 ½ EL	Zitronensaft
1 ½ EL	Sojasoße / Tamari
2 geh. EL	Tomatenmark
2 gestr. TL	Salz
¼ TL	Asafoetida
1-2 TL	Kokosblüten-/Vollrohrzucker
½ TL	Pfeffer
1–2 TL	Oregano

ANLEITUNG

1. Gib das Olivenöl in einen Topf und brate den Sellerie an, bis er glasig ist.

2. Füge dann alle Zutaten (außer dem Oregano) hinzu und lasse sie zusammen für 30–45 Min. ohne Deckel köcheln, sodass Flüssigkeit verdunstet und das Ketchup dickflüssiger wird.

3. Gib nun den Oregano hinzu.

4. Püriere dann das Ketchup und schmecke evtl. erneut mit Salz und Pfeffer ab.

ZUTATEN FÜR MAYO

250 ml	Sojasahne
¾ gestr. TL	Pfeffer
½ gestr. TL	Kurkuma, gem.
1 ½ TL	Kala Namak
300 ml	neutrales Öl / Olivenöl
25 ml	Zitronensaft

ANLEITUNG

1. Gib die Sojasahne sowie die Gewürze in einen Mixbecher, beginne mit einem Pürierstab zu mixen und füge dann nach und nach das Öl hinzu, bis eine Emulsion entsteht.

2. Gib nun den Zitronensaft hinzu und püriere weiter, sodass die Mayo fest werden kann (durch den Zitronensaft gerinnt das Eiweiß in der Sojasahne).

Für besonders knusprige Pommes oder Kartoffelecken, paniere sie vor dem Backen mit Stärke oder etwas Mehl und salze sie erst nach dem Backen.

Maya ist das Sanskrit-Wort für die Illusion dieser Welt. Und der Geschmack dieser **Mayo** ist eine wirklich sehr verführerische Illusion.

JOGHURT-MINZ-DIP (RAITA)

ZUTATEN

5–8 Blätter	Pfefferminzblätter
400 g	pflanzl. Joghurt, ungesüßt
60 ml	Zitronensaft
1½ TL	Salz
½ TL	schwarzer Pfeffer, gem.
¼ TL	Asafoetida

ANLEITUNG

Hacke die Pfefferminzblätter und vermische alle Zutaten in einer Schüssel.

Du kannst den Joghurt auch über Nacht in einem Kaffee-Filter oder einem Seihtuch abtropfen lassen und danach 3–4 EL Öl mit hinzugeben. So werden Dip und Zaziki besonders cremig!

YOGISCHER ZAZIKI

ZUTATEN

150 g	Gurke
400 g	pflanzl. Joghurt, ungesüßt
80 ml	Zitronensaft
1–2 TL	Salz
½ TL	schwarzer Pfeffer, gem.
¼–½ TL	Asafoetida

ANLEITUNG

Rasple die Gurke grob und vermische anschließend alle Zutaten in einer Schüssel.

VEGANE BRATENSOßE

ZUTATEN

200 g	Wurzelgemüse (Möhre, Petersilienwurzel, Sellerie), gewürfelt
½	Fenchel
	Olivenöl zum Anbraten
2	Lorbeerblätter
4	Pimentkörner
1 TL	Kümmel, ganz
2 Zweige	Thymian
50 g	Tomatenmark
500 ml	Gemüsebrühe
40 ml	Sojasoße (optional)
	Salz & Pfeffer

ANLEITUNG

1. Brate in einem hohen Topf die Gemüsewürfel in etwas Olivenöl an, bis sie goldbraun sind.

2. Gib die Gewürze hinzu und röste sie für einige Sekunden mit an, bevor du das Tomatenmark hinzufügst.

3. Verrühre alles gut miteinander und brate die Masse so lange, bis das Tomatenmark dunkelbraun wird, ohne dabei zu verbrennen. Dazu lösche sie mit ein wenig Brühe ab und lass sie wieder einreduzieren.

4. Wiederhole diesen Vorgang, bis die gewünschte Farbe erreicht ist.

5. Dann gieße die restliche Gemüsebrühe hinzu und lasse die Soße für ca. 20 Min. auf kleiner Stufe köcheln. Sollte die Soße für dich doch noch nicht dunkel genug sein, dann gib die Sojasoße dazu.

6. Zerkleinere das Gemüse grob mit einem Pürierstab bis die Soße eine gebundene Konsistenz annimmt. Solltest du deine Soße lieber etwas flüssiger haben wollen, achte darauf, dass du nicht zu viel pürierst.

7. Zum Schluss streiche die Soße durch ein feines Sieb und schmecke sie mit Salz und Pfeffer ab.

Das Gemüse beim Vorgang des Einreduzierens

KÜRBIS-APRIKOSEN-CHUTNEY

ZUTATEN

500 g	Kürbis, gewaschen
	Öl zum Anbraten
50 g	Kürbiskerne
1 ½ EL	Ingwer, geraspelt
2 EL	schwarze Senfsaat, ganz
½ TL	Bockshornkleesamen, gem.
1 Prise	Chili, gem.
1 gestr. TL	Zimt, gem.
1 TL	Curry
½ TL	Koriander, gem.
¼ TL	Nelke, gem.
1 gestr. EL	Salz
1 gestr. TL	Pippali (langer Pfeffer), gem.
2 EL	Olivenöl
100 g	Aprikosenkonfitüre
250 ml	Wasser
100 ml	Orangensaft
50 g	Reissirup
50 g	Aprikosenwürfel, getr.

ANLEITUNG

1. Würfle den Kürbis fein und brate ihn in einem Topf an, bis er gold-braun ist.

2. Röste parallel in einer Pfanne die Kürbiskerne an und gib sie anschließend zum Kürbis in den Topf.

3. Nutze die Pfanne nun, um die Gewürze im Öl anzurösten. Achte darauf, dass sie nicht verbrennen.

4. Dann füge die Gewürze und die Aprikosenkonfitüre zum Kürbis hinzu und brate alles an, bis eine homogene Masse entsteht.

5. Lösche sie mit dem Wasser und dem Orangensaft ab. Lasse alles erneut etwas einreduzieren und gib anschließend den Reissirup und die Aprikosenwürfel hinzu.

6. Wenn alles gut verrührt ist, lasse das Chutney auskühlen und serviere es mit Chapati (siehe S. 29), Naan-Brot oder Pakora (siehe S. 36).

Wusstest du schon?

Im Ayurveda unterscheidet man sechs Geschmacksrichtungen: süß, sauer, salzig, scharf, bitter und herb/zusammenziehend. Jeder der Geschmacksrichtungen wird eine bestimmte Wirkung auf Körper und Psyche zugeschrieben.

Ein **Chutney** fügt deiner Mahlzeit hervorragend den süß-sauren und mitunter auch scharf-pikanten Aspekt hinzu.

Yam

AUFSTRICHE

TOMATEN-AUFSTRICH

ZUTATEN

40 g	Tomaten, getr.
60 g	Rosinen
100 g	Sonnenblumenkerne, geröstet
150 ml	Wasser
1 TL	Basilikum
1 TL	Kräuter der Provence
½ gestr. TL	Pfeffer, gem.
50 g	Tomatenmark
25 ml	Olivenöl
½ EL	Zitronen

ANLEITUNG

1. Weiche die getrockneten Tomaten und die Rosinen über Nacht oder für einige Stunden ein.

2. Mixe die Sonnenblumenkerne mit dem Wasser bis eine homogene Masse entstanden ist.

3. Gib alle weiteren Zutaten hinzu und mixe auch diese, sodass ein cremiger Aufstrich entsteht (mit vereinzelten Stücken getrockneter Tomaten).

MANDEL-MÖHREN-AUFSTRICH

ZUTATEN

200 ml	Sojadrink
200 ml	Olivenöl
2–3 EL	Zitronensaft
3 EL	Olivenöl, zum Rösten
150 g	Mandeln
250 g	Möhren, fein geraspelt
1 TL	Curry
¼ TL	Asafoetida
1 TL	Salz
½ TL	Pfeffer, gem.
100 ml	Orangensaft

ANLEITUNG

1. Mixe Sojadrink und Olivenöl in einem Messbecher und gib während des Mixens den Zitronensaft hinzu, sodass eine Creme entsteht.

2. Stell diese beiseite und erhitze das Olivenöl in einer Pfanne.

3. Röste die Mandeln darin an, bis sie gebräunt sind.

4. Füge nun die Möhrenraspeln hinzu. Anschließend gib die Gewürze mit in die Pfanne und röste auch sie kurz mit an.

5. Lösche die Masse mit dem Orangensaft ab, püriere auch diese Mischung und vermenge sie mit der Creme.

KIDNEYBOHNEN-WALNUSS-AUFSTRICH

ZUTATEN

80–100 g	Walnusskerne, geröstet
2 Zweige	Thymian, frisch (oder 2 EL getrocknet)
1 Prise	Asafoetida
1 Prise	Chili
4 EL	Olivenöl
200 g	Kidneybohnen, gekocht
2 EL	pflanzlicher Joghurt
2 EL	Zitronensaft
½ TL	Salz

ANLEITUNG

1. Röste die Walnüsse ohne Öl in einer Pfanne, bis sie duften.

2. Lasse sie abkühlen und hacke sie klein.

3. Dann brate Thymian, Asafoetida und Chili in Olivenöl an. Gib die Bohnen hinzu und brate sie für ein paar Minuten mit.

4. Püriere nun die Bohnen und die Walnüsse. Hebe den Joghurt und Zitronensaft unter und schmecke mit Salz ab.

HUMMUS

ZUTATEN

500 g	Kichererbsen, gekocht
3 EL	Tahin (Sesammus)
100 ml	Wasser
50 ml	Olivenöl
30 ml	Zitronensaft
1 TL	Cumin, gem.
1 TL	Paprikapulver
½ TL	Kurkuma, gem.
¼ TL	schwarzer Pfeffer, gem.
1–2 TL	Salz
1 Prise	Asafoetida
½ Bund	Petersilie, gehackt

ANLEITUNG

1. Mixe alle Zutaten mit einem Pürierstab zu einem cremigen Hummus.

2. Gib die Petersilie zum Schluss hinein, damit ein paar Stücke verbleiben.

Wusstest du schon? Die **Kichererbse** besteht zu rund **20 % aus hochwertigem Eiweiß** und beinhaltet viele **wertvolle Mineralien** wie Eisen, Zink und Magnesium. Zudem enthält sie viele **Ballaststoffe** sowie die **Vitamine** A, B, C und E. Eine echte Alleskönnerin!

Tahin (Sesammus) ist mit 10 mg Eisen pro 100 g neben Brennnessel und Kürbiskernen **eine der besten Eisenquellen**, die Mutter Erde für uns bereithält.

Eisenhaltige Lebensmittel sollten immer mit genügend **Vitamin C** kombiniert werden, um vom Körper gut aufgenommen werden zu können. Du kannst frisch gepressten Zitronensaft in deinen Hummus geben und ihn z.B. mit Paprika-Sticks oder grünem Blattgemüse essen.

WEIßE-BOHNEN-„SCHMALZ"

ZUTATEN

½	Fenchel	1 Dose	Weiße Bohnen (400 ml), gut gespült
4	Trockenpflaumen	oder 125 g	Weiße Bohnen, eingeweicht, gekocht
3 EL	Olivenöl	½ TL	Majoran, getr.
2	Lorbeerblätter		Salz & Pfeffer
1	Pimentkorn	60 ml	kaltes Wasser
1	Gewürznelke	1 EL	Sojasoße
1	Wacholderbeere		

ANLEITUNG

1. Schneide den Fenchel und die Trockenpflaumen in kleine Würfel.

2. Erhitze dann das Öl in einer Pfanne und dünste Fenchel, Lorbeerblätter, Pimentkorn, Gewürznelke und Wacholderbeere bei schwacher Hitze an, bis der Fenchel leicht gebräunt ist.

3. Mische die Bohnen mit Majoran, etwas Salz und Pfeffer sowie dem Wasser und der Sojasoße, und püriere alles mit einem Stabmixer.

4. Füge die Fenchel-Gewürzmischung und die Trockenpflaumen zur Bohnencreme und mixe alles bei niedriger Geschwindigkeit, sodass die Fenchel- und Pflaumenstücke noch wahrnehmbar sind.

5. Schmecke mit Salz, Pfeffer und evtl. Sojasoße ab.

Unser Tipp: Besonders fein wird der Aufstrich, wenn du zusätzlich ½ Fenchel und einen Apfel in Stücke schneidest und in heißem Öl frittierst.

SCHOKO-HASELNUSS-AUFSTRICH

ZUTATEN

75 g	Haselnüsse, geröstet
400 g	Dattelcreme (siehe S. 20)
100 g	Kakao
200 ml	Haferdrink, Vanille
5 geh. EL	Mandel- oder Haselnussmus, braun
4 EL	Kokosblütenzucker

Optional kannst du unter den Aufstrich nach Belieben gekochte Süßkartoffel hineinpürieren oder Kokosmus hinzufügen. Es besteht auch die Möglichkeit, den Aufstrich ausschließlich mit selbstgemachter Dattelcreme zu süßen.

ANLEITUNG

1. Gib die Haselnüsse in ein Küchentuch und rubbel die Nüsse kräftig darin, sodass sich grob die Schale löst, da diese den Aufstrich bitter machen kann.

2. Mahle dann die Haselnüsse fein, z.B. in einer Küchenmaschine oder einem guten Mixer.

3. Püriere die Dattelcreme aus 140 g kleingeschnittenen Datteln und 260 ml Wasser.

4. Gib alle weiteren Zutaten hinzu und mixe sie gründlich, bis ein cremiger Aufstrich entsteht.

Unser Tipp: Probiere den Aufstrich zum leckeren Dinkel-Früchte-Nuss-Brot. Das Rezept dazu findest du auf S. 25.

DESSERTS

ORANGEN-INGWER-MUFFINS

ZUTATEN FÜR CA. 12 STK.

3	Orangen
250 g	Dinkelvollkornmehl
200 g	Kokosblüten- oder Vollrohrzucker
2 gestr. TL	Natron
½ TL	Bourbonvanille
1 Prise	Salz
2 TL	Ingwer, geraspelt
50 ml	Olivenöl
80 ml	Sojadrink / Mandeldrink
150 g	pflanzl. Joghurt, ungesüßt
2 TL	Zitronensaft

ANLEITUNG

1. Schäle die Orangen, filetiere sie (entferne die Haut) und schneide sie in feine Würfel. Fange dabei den Saft auf.

2. Vermische Mehl, Zucker, Natron, Vanille und Salz. Gib die übrigen Zutaten (außer den Orangenwürfeln) hinzu und verrühre alles mit einem Schneebesen oder Handrührgerät. Optional ersetze die Hälfte des Sojadrinks durch Sprudelwasser, um den Teig noch fluffiger zu machen.

3. Hebe zum Schluss die Orangenwürfel unter.

4. Fülle den Teig in Muffinförmchen (eingefettet oder mit Papierförmchen) oder in Silikonformen.

5. Backe die Muffins für 15–20 Min. bei 180 °C, bis sie aufgegangen und goldbraun sind. Kontrolliere mit einem Holzstäbchen oder einem Zahnstocher, dass kein Teig mehr kleben bleibt.

6. Dann lasse die Muffins auskühlen.

SCHOKO-KIRSCH-MUFFINS

ZUTATEN FÜR CA. 12 STK.

250 g	Dinkelvollkornmehl
200 g	Kokosblüten-/Vollrohrzucker
2 gestr. TL	Natron
100 g	Kakaopulver
1 Prise	Salz
100 ml	Olivenöl
100 ml	Sojadrink / Mandeldrink
150 g	pflanzlicher Joghurt
2 TL	Zitronensaft
400 g	Sauerkirschen aus dem Glas, ungezuckert

ANLEITUNG

1. Mische jeweils die trockenen und die feuchten Zutaten miteinander. Füge beides zusammen und verrühre den Teig gut.

2. Nun lasse die Sauerkirschen abtropfen und fange das rote Wasser auf.

3. Hebe die Sauerkirschen unter den Teig und fülle ihn in gefettete Muffinförmchen.

4. Backe die Muffins bei 180 °C für ca. 18 Min., bis an einem Holzstäbchen kein Teig mehr kleben bleibt.

5. Lasse die Muffins auskühlen und überziehe sie optional mit einer Kirschglasur. Dafür mische Puderzucker und 2–2½ EL des roten Kirschsaftes und bestreiche damit die Muffins.

Hinweis: Die Muffins werden fluffiger, wenn du weniger Kirschen hinzufügst, aber saftiger, wenn mehr hineingetan werden. Entscheide nach deinem Geschmack!

ZITRONENCREMEKUCHEN

ZUTATEN FÜR 1 KUCHEN

1	Zitrone (bio)
400 g	Dinkelvollkornmehl
200 g	Kokosblüten-/Vollrohrzucker
2 gestr. TL	Natron
1 TL	Bourbonvanille
1 Prise	Salz
120 ml	Olivenöl
220 ml	Sprudelwasser
180 g	pflanzlicher Joghurt
2 TL	Zitronensaft

FÜR DIE ZITRONENCREME

1	Zitrone (bio)
1	Orange
250 ml	Wasser
100 g	Kokosblüten-/Vollrohrzucker
30 g	Speisestärke
2 EL	Pflanzendrink
1 Msp.	Bourbonvanille

ANLEITUNG

1. Für den Teig wasche die Zitrone heiß, reibe die Schale ab und presse sie aus. Vermische den Zitronenabrieb und alle trockenen Zutaten miteinander.

3. Gib Öl, Sprudelwasser, Joghurt und Zitronensaft hinzu und verrühre alles rasch.

4. Füll den Teig in eine mit Backpapier ausgelegte Form, streich ihn glatt und backe den Kuchen bei 180 °C für ca. 35 Min. Kontrolliere mit einem Stäbchen, dass kein Teig mehr daran kleben bleibt.

Lasse den Boden auskühlen, während du die Zitronencreme herstellst.

6. Für die Zitronencreme wasche die Zitrone gründlich mit heißem Wasser und reibe die Schale ab. Presse die Zitrone und die Orange aus und fülle die Saftmischung mit Wasser auf 300 ml auf. Koche 200 ml davon mit dem Zucker auf.

8. Rühre die Stärke in die restlichen 100 ml und gib sie in die Zucker-Saftmischung, sobald diese kocht. Lasse die Zitronencreme für 2 Min. köcheln, nimm sie anschließend vom Herd und lass sie auskühlen.

10. Rühre dann den Pflanzendrink und die Vanille ein und lasse die Creme zugedeckt abkühlen.

11. Gib nun die Creme auf den Kuchen und streiche sie glatt. Streue etwas Zitronenabrieb darüber oder Kokosraspeln. Eine wunderbare Ergänzung ist Zitronenmelisse.

Tipp: Du kannst den Kuchen zur Torte aufwerten, indem du den Boden nach dem Abkühlen halbierst und den unteren Teil mit einer Creme nach Wahl bestreichst, bevor du den oberen Teil wieder darauf setzt. Wir verwenden als Creme sehr gern den übrigen Trester unseres selbstgemachten Kokosdrinks (siehe S. 16), verrührt mit aufschlagbarer veganer Sahne und etwas Reissirup. Um gesunde bunte Streusel zu kreieren kann man Kokosraspeln mit etwas Gemüsesaft (hier rote Beete) einfärben und dann im Dörrgerät oder im Backofen bei niedriger Temperatur wieder trocknen.

LADDU / GANESHA-NOUGAT

ZUTATEN

110 g vegane Butter, z.B. Alsan (oder 100 g Kokosöl)
100 g Kichererbsenmehl
60 g Kokosblüten-/Vollrohrzucker
40 g Sesam / Kokosflocken
1 EL Rosenwasser
½ Zitrone (bio), für den Zitronenschalenabrieb

ANLEITUNG

1. Erhitze die vegane Butter (oder das Kokosöl) und lasse sie schmelzen.

2. Gib das Kichererbsenmehl hinzu und röste die Masse für ca. 10 Min. auf niedriger bis mittlerer Stufe unter ständigem Rühren. Die Masse sollte nicht zu dunkel werden.

3. Rühre nach der Hälfte der Zeit Zucker, Sesam und / oder Kokosflocken unter.

4. Nimm anschließend die Masse vom Herd und füge Rosenwasser und Zitronenabrieb hinzu.

5. Gib die warme Masse auf ein Backblech, drücke sie fest, sodass sie ½ bis 1 cm hoch ist und lasse sie im Kühlschrank auskühlen.

6. Sobald das Laddu fest ist, kannst du es in Stücke schneiden und dir schmecken lassen oder auch wunderbar verschenken.

WUSSTEST DU SCHON?

Der elefantenköpfige hinduistische Gott Ganesha steht für Erfolg und Glück sowie die innere und äußere Fülle des Lebens.

Dies wird auch verkörpert durch seinen üppigen Bauch (repräsentativ für die Gesamtheit des Kosmos) und die süßen Reisbällchen bzw. das Laddu zu seinen Füßen, von welchem er nach Herzenslust gern nascht.

Der Elefant gilt in der indischen Mythologie als Wächter des Universums, sein Kopf steht für göttliche Weisheit und Intelligenz. Die Kraft des Elefanten schafft es zudem, alle Hindernisse aus dem Weg zu räumen, die wir selbst nicht bewältigen können. Kein Wunder also, dass Ganesha die in Indien wohl beliebteste Gottheit darstellt!

Das Laddu kann auch als Symbol für die süße Belohnung verstanden werden, welche die (manchmal anstrengende) spirituelle Sinnsuche für uns bereithält. Du kannst es für dich selbst zubereiten, verschenken oder auch als Prasad verteilen.

„Prasad" ist der Hindi-Ausdruck für das Sanskrit-Wort *prasāda* und bedeutet wörtlich „Gunst" oder „Gnade".

Bei Yoga Vidya wird Prasad immer am Ende eines Satsangs verteilt oder als Bestandteil eines Rituals, z.B. in Form von geschnittenen Obststückchen oder auch als Laddu.

HIMMLISCHE MOUSSE AU CHOCOLAT

ZUTATEN FÜR 4-6 PORTIONEN

400 g	Seidentofu
1 Prise	Salz
1 Msp.	Bourbonvanille
2 TL	Kokosblüten- oder Vollrohrzucker
200 g	Zartbitterschokolade
optional	150 g vegane Schlagcreme
optional	zum Garnieren Schokoraspeln oder Kuvertüredrops

ANLEITUNG

1. Gib den Seidentofu in einen Mixer, füge Salz, Vanille und Zucker hinzu und püriere die Mischung, bis sie cremig und luftig ist.

2. Hacke die Schokolade klein und lasse sie anschließend im Wasserbad schmelzen. Rühre dabei gelegentlich um und achte darauf, dass kein Wasser in die Schokolade kommt.

3. Lasse sie anschließend etwas abkühlen.

4. Nun gieße die Schokolade zur Tofu-Mischung und mixe alles für etwa 2 Min., bis sich die Masse gut verbunden hat.

Tipp: Du kannst auch 150 g vegane Schlagcreme (feste Sahne, z.B. Soja-, Reis- oder Kokos-Schlagcreme) hinzugeben. Dann wird die Mousse noch fluffiger, dafür aber etwas weniger schokoladig.

Um die Mousse perfekt zu machen, kannst du auch **die Schokolade selbst herstellen.**

Für die benötigten 200 g brauchst du:

125 g	Kakaobutter (alternativ Kokosöl)
50 g	Kakaopulver, ungesüßt
3 EL	Kokosblütenzucker

1. Lasse die Kakaobutter im Wasserbad schmelzen, rühre dann das Kakaopulver und den Zucker ein, bis sich alles gut verbunden hat.

2. Lasse die Schokolade anschließend für einige Minuten abkühlen, bevor du sie für die Mousse weiterverarbeitest. Sie sollte allerdings noch nicht wieder fest geworden sein.

APPLE-CRUMBLE KLASSISCH UND GLUTENFREI

ZUTATEN FÜR 4-6 PORTIONEN

250 g	vegane Butter, z.B. Alsan
4–5	Äpfel, mittelgroß, gewürfelt
2–3 EL	Zitronensaft
2 EL	Reissirup (optional)
250 g	Dinkelvollkornmehl
300 g	Kokosblüten- oder Vollrohrzucker

FÜR DIE GLUTENFREIE VARIANTE:

Mahle Quinoa, Buchweizen, Hirse oder Reis nach Belieben und ersetze sie in gleicher Menge mit dem Dinkelvollkornmehl.

Links der glutenfreie Crumble und rechts die Variante mit Dinkelvollkornmehl – optisch kaum ein Unterschied, oder?

ANLEITUNG

1. Nimm die vegane Butter aus dem Kühlschrank, damit sie weich wird.

2. Lege die Apfelstücke auf ein kleines Blech oder in eine Auflaufform und vermische sie mit Zitronensaft und Reissirup.

3. Mische Mehl, Zucker und vegane Butter, knete sie gut und verstreue sie als Streusel über den Apfelstücken.

4. Backe den Crumble, bis er gold-braun ist für 30–40 Min. bei 180 °C.

SCHOKO-INGWER-BROWNIES

ZUTATEN FÜR 4-6 PORTIONEN

200 g	Dinkelvollkornmehl
50 g	Kakaopulver
200 g	Kokosblüten-/Vollrohrzucker
1 TL	Natron
1 Prise	Salz
¼ TL	Bourbonvanille
¼ TL	Zimt
1 Prise	Kardamom
1 EL	Leinsamen, geschrotet
240 ml	warmes Wasser
80 ml	Olivenöl
1 TL	Zitronensaft
2 TL	Ingwer, geraspelt
optional	Walnüsse zum Bestreuen

ANLEITUNG

1. Vermische die trockenen Zutaten mit einem Schneebesen in einer Schüssel.

2. Gib die geschroteten Leinsamen ins warme Wasser und lasse sie für ca. 5 Min. quellen.

3. Gib abschließend alle anderen feuchten Zutaten zum Wasser und vermische sie mit den trockenen.

4. Verrühre alles gut zu einer homogenen Masse und gib diese in eine mit Backpapier ausgelegte oder eingefettete Form.

5. Backe die Brownies bei 180 °C für 30–40 Min.

6. Optional kannst du auch Walnüsse über deine Brownies streuen.

Tipp: Wenn du dir den Teig noch saftiger wünschst, dann gib vor dem Backen noch eine Hand voll geraspelter Zucchini hinzu. Dies ist gesund und lecker. Gemüse lässt sich ganz wunderbar beim Backen „verstecken". So auch in diesem Rezept!

KÜRBISKUCHEN MIT DATTELCREME

ZUTATEN FÜR 1 KUCHEN

190 g	Dinkelvollkornmehl
170 g	Kokosblütenzucker
1 TL	Natron
¼ TL	Backpulver
½ TL	Zimt, gem.
¼ TL	Ingwer, gem.
¼ TL	Muskatnuss, gem.
1 Prise	Salz
125 ml	Olivenöl
250 g	Kürbispüree*
85 ml	Pflanzendrink

FÜR DIE DATTELCREME

60 g	Datteln, getrocknet
3–4 EL	Pflanzendrink
3 EL	Kakaopulver

**Für das Püree backe ½ Hokkaidokürbis (ausgehöhlt und gewürfelt) im Ofen bei 200 °C für 25 Min. und püriere ihn ohne Wasser, sodass ein dickflüssiges Püree entsteht.*

ANLEITUNG

1. Mische alle trockenen und alle feuchten Zutaten in getrennten Schüsseln, dann gib sie zusammen und verrühre sie gut.

2. Fülle die Masse in eine mit Backpapier ausgelegte Form und backe den Kuchen für 45–60 Min. bei 175 °C, bis an einem hineingestochenen Holzstäbchen nichts mehr hängen bleibt.

3. Weiche die Datteln ein und püriere sie. Gib Pflanzendrink und Kakaopulver dazu. Streiche die Creme auf den zuvor abgekühlten Kuchen.

MÖHREN-WALNUSS-ZITRONEN-ROHKOSTTORTE*

ZUTATEN

200 g	Walnüsse, eingeweicht
800 g	Aprikosen, getr., eingeweicht und gewürfelt
350 g	Möhren, geraspelt
100 g	Haferflocken, glutenfrei
1	Zitrone (bio), für den Zitronenschalenabrieb
75 ml	Haferdrink, glutenfrei, opt. mit Vanille
oder:	selbstgemachten Walnussdrink (siehe S. 16)
optional	Kokosraspeln (zum Andicken)

FÜR DIE CASHEWCREME

500 g	Cashewkerne
250 ml	Zitronensaft
100 g	Birkenzucker (Xylit)
200 ml	Kokosöl, flüssig

*Die Torte ist nicht zu 100 % rohköstlich, schon weil rohe Cashews nur schwer zu finden sind. Aber sie wird nicht gebacken und kann hervorragend eingefroren werden.

Tipps zum Kauf von Cashews und Infos zum Einweichen findest du am Ende des Buches im Teil **Hinweise zu Lebensmitteln.**

BEGINNE MIT DEM BODEN ...

1. Für den Boden spüle die eingeweichten Walnüsse gründlich in einem Sieb. Optional können diese anschließend geröstet werden (nicht rohköstlich). Schreddere sie in einer Küchenmaschine oder hacke sie grob per Hand. Stelle sie beiseite.

2. Gib die eingeweichten Aprikosenwürfel in einen Hochleistungsmixer oder eine Küchenmaschine und zerkleinere sie bis eine cremig-stückige Konsistenz entsteht.

3. Gib die Aprikosenmasse in eine Schüssel, füge die Walnüsse, Möhrenraspeln, Haferflocken und den Zitronenabrieb hinzu und knete alles per Hand durch. Sollte deine Masse zu flüssig sein, füge nach und nach ein paar Kokosraspeln oder mehr Haferflocken hinzu, bis die für dich passende Konsistenz erreicht ist.

... UND VOLLENDE MIT DER CREME

4. Drücke den Boden in ein oder zwei mit Backpapier ausgelegte Formen.

5. Gieße nun die Cashew-Creme darüber und streiche sie glatt. Zur Dekoration streue Kokosraspeln und Zitronenabrieb darüber.

6. Stelle die Torte zum Abkühlen in den Kühlschrank.

Anschließend besteht die Möglichkeit, kleine Stücke zu schneiden und diese einzufrieren. So hast du zu jeder Gelegenheit das perfekte Stück Torte parat.

FÜR DIE CREME:

A. Weiche die Cashews über Nacht ein oder überbrühe sie mit heißem Wasser und lasse sie für ca. 30 Min. stehen (nicht rohköstlich).

B. Gieße das Wasser ab und spüle die Kerne gründlich.

C. Anschließend gib sie mit dem Zitronensaft und dem Birkenzucker in einen Hochleistungsmixer.

D. Sobald eine Creme entstanden ist, füge das Kokosöl hinzu und mixe erneut, bis sich alles gut verbunden hat.

GETRÄNKE

MANGO-LASSI

ZUTATEN FÜR 3-4 PORTIONEN

200 g	pflanzlicher Joghurt (z.B. Soja, Kokos, Mandel)
200 g	Mangopüree
100 ml	Pflanzendrink, z. B. Reisdrink

ANLEITUNG

1. Gib alle Zutaten in einen Rührbecher. Vermenge sie gut mit einem Schneebesen.

2. Fülle den Lassi in dein Lieblingsglas und lasse es dir schmecken!

Unsere Tipps: Um den Lassi flüssiger oder fester zu machen, nimm entsprechend weniger oder mehr Reisdrink. Zusätzlichen Zucker benötigst du in der Regel nicht für dieses Rezept, da Mangopüree von Natur aus bereits sehr süß ist.

Das Mangopüree kannst du natürlich auch selbst herstellen, indem du frische Mangos pürierst. Hierfür sollten sie sehr reif sein. Dies erkennst du daran, dass sich die Mango mit dem Finger leicht eindrücken lässt und vom Stielansatz ein süßlicher Geruch ausgeht.

CHAI-TEE

ZUTATEN

2	Zimtstangen
1 EL	Süßholz, geraspelt
1 EL	schwarzer Pfeffer, ganz
1 EL	Nelken, ganz
1 EL	Kardamom, ganz
4	Sternanis, ganz
1 TL	Ingwer, gerieben

Tipp: Für einen Chai-Latte ersetze ca. die Hälfte der Flüssigkeit durch heißen Pflanzendrink (z. B. übrig gebliebenen, selbsthergestellten Pflanzendrink vom Frühstück, siehe S. 16).

ANLEITUNG

1. Für unseren Lieblings-Chai verwenden wir biologische Gewürze, die frisch im Mörser zermahlen werden.

2. Der Ingwer wird geraspelt oder alternativ sehr fein geschnitten. Wenn du keinen Mörser besitzt, zerkleinere alles grob im Mixer. Passe in diesem Fall ggf. die Mengenangaben nach deinem Geschmack an, da sich die Aromen durch den Mixer anders entfalten können als im Mörser.

3. Nimm auf ca. 300 ml Wasser einen EL dieser Chai-Mischung, fülle sie in ein Teesieb und lasse sie kurz im Wasser aufkochen

4. Im Anschluss ca. 10 Min. ziehen lassen.

Alternativ überbrühe die Mischung mit heißem Wasser und lasse den Tee 15 Min. ziehen.

GOLDENE MILCH

ZUTATEN FÜR 4-6 PORTIONEN

1,2 L	Haferdrink
2 gestr. EL	Kurkuma, gem.
1 gestr. TL	Zimt
1 Prise	Nelken, gem.
ca. ¼ TL	schwarzer Pfeffer, gem.
1 Prise	Kardamom
3 EL	Ingwer, geraspelt
2–3 EL	Reissirup (oder Dattelcreme, Rezept siehe S. 20)

ANLEITUNG

1. Gib alle Zutaten in einen Topf und lasse sie bei mittlerer Hitze für ca. 5 Min. köcheln.

2. Seihe die goldene Milch durch ein Sieb ab und fülle sie in deine Lieblingstasse.

Variiere und experimentiere gern mit den Gewürzen und Mengenangaben! Den Pfeffer solltest du allerdings nie ganz weglassen. Er garantiert, dass die Kurkuma und ihre entzündungshemmenden Eigenschaften sich in deinem Körper entfalten können.

Dieses **„goldene Elixier"** ist ein fantastischer Immunsystem-Booster – vorbeugend oder auch wenn du bereits krank bist. Und zudem noch super lecker!

ROSENWASSER-SOMMER-LIMONADE

ZUTATEN FÜR 4-6 PORTIONEN

1	Zitrone (bio)
2 EL	Süßungsmittel nach Wahl (Zucker oder Sirup)
1 L	Mineralwasser (nach Geschmack still oder mit Sprudel)
20 ml	Rosenwasser
1 Handvoll	Rosenblätter (unbehandelt)
optional:	
1 Stängel	Minze, frisch

ANLEITUNG

1. Wasche die Zitrone heiß und reibe die Schale ab.

2. Halbiere sie anschließend, presse die eine Hälfte aus und schneide die andere in dünne Scheiben.

3. Rühre das Süßungsmittel und den Zitronensaft ins Wasser ein, bis sich alles vermischt hat.

4. Gib nun die Zitronenscheiben, das Rosenwasser und die Rosenblätter hinzu und genieße die Limonade bei Zimmertemperatur.

HINWEISE VON JULIENNE

HINWEISE ZU LEBENSMITTELN

KOCHEN MIT HERZ & VERSTAND

Für die verwendeten Zutaten möchte ich dir noch ein paar Tipps und Hinweise mit an die Hand geben, die mir im Laufe der Zeit bewusst und somit wichtig geworden sind. Ich erhebe dabei keinen Anspruch auf Vollständigkeit, im Gegenteil.

Da dieses Buch aus einem anderen Zweck geschrieben wurde, stellt dies nur eine kleine Auswahl dar.

Wir freuen uns jederzeit über Hinweise zu weiteren Lebensmitteln!

HÜLSENFRÜCHTE, NÜSSE & SAMEN EINWEICHEN

Warum sollte man diesen Schritt möglichst nicht auslassen? Dies hat gesundheitliche Gründe. In vielen Pflanzenteilen sind Antinährstoffe, wie z.B. Phytinsäure und Lektine enthalten, die den Körper daran hindern, Nährstoffe aufzunehmen. Das Einweichen baut diese Antinährstoffe ab und spaltet sie in leichter verdauliche Einheiten auf.

Du wirst also weniger Verdauungsprobleme haben und kannst die Nährstoffe deiner Nahrungsmittel gut absorbieren. Die Zeiten varriieren von Nuss zu Nuss und Bohne zu Linse. Es lohnt sich also, sich diesbezüglich zu informieren. Ein paar Einweichzeiten findest du bereits unter dem Rezept „Pflanzendrinks" (siehe S. 16).

Sprossen

Sprossen liefern hoch bioverfügbare Vitamine, Mineralien, Antioxidantien und eine reiche Vielfalt an sekundären Pflanzenstoffen. Durch den Keimvorgang werden sie um ein Vielfaches erhöht und enthalten die Kraft einer ganzen Pflanze in sich.

Lebendige Enzyme unterstützen die Verdauung und den Stoffwechsel und aktivieren sowohl die Energieproduktion des Organismus als auch Reparaturmaßnahmen auf zellulärer Ebene.

Wichtig: Sie müssen unbedingt täglich 2–3 Mal gespült werden, um Schimmelbildung zu verhindern!

Kokosnüsse & Kokosöl

Herkömmliches Kokosöl stellt tatsächlich keine besonders gute Alternative zu dem (zurecht) verurteilten Palmöl oder zu anderen Ölen dar. Sowohl Palm- als auch Kokosöl werden in Monokulturen angebaut und selten wird auf die Lebens- und Arbeitsbedingungen der Menschen Rücksicht genommen.

Wenn immer mehr Firmen von Palmöl auf Kokosöl umstellen, dann entstehen sehr schnell ähnliche Probleme wie mit der Palmölindustrie: Landraub, Rodungen für neue Plantagen und die Vernichtung der Biodiversität.

Es gibt ein paar Firmen, die sich bemühen Gutes für die im Prozess involvierten Menschen und auch für die Umwelt zu tun. Ein positives Beispiel hierfür ist das Fairhandels-Programm „Hand in Hand" des Bio-Herstellers Rapunzel Naturkost oder auch das Kokosöl der Ölmühle Solling, SoloCoco oder Dr. Goerg. Doch auch sie können den Umwelteinfluss, den die weiten Transportwege mit sich bringen, nicht vollkommen wett machen.

Es ist also auch bei Kokosöl und sämtlichen Kokosprodukten notwendig, dass sie aus einer möglichst guten Quelle stammen. Aber auch hier zeigt sich das Zeitalter, in dem wir leben.

Es ist kaum möglich, heutzutage hinsichtlich vieler Themen alles richtig zu machen. Wir können uns nur informieren und unser Bestes geben.

CASHEW-KERNE

Kaum einem ist bewusst, welchen Weg diese Kerne (tatsächlich keine Nuss) hinter sich bringen und was sie auf ihrem Weg für Schäden anrichten können, bis sie in unserer Vorratskammer landen.

Die Ernte und Verarbeitung sind nahezu 100 % Handarbeit und mit erheblichen gesundheitlichen Risiken für die Arbeiterinnen (oder Kinder) verbunden. Denn das toxische Schalenöl Cardol verursacht bei Hautkontakt oder beim Einatmen schwere Verätzungen und kann zu bleibenden Schäden der Haut sowie zu Stoffwechsel- und Nervenerkrankungen führen. Das Öl greift die Fingerspitzen vieler Arbeiterinnen so stark an, dass diese oft über keine Fingerabdrücke mehr verfügen.

Da viele der Arbeiterinnen Analphabeten sind und in Ländern leben, in denen die meisten Rechtsgeschäfte mit dem Fingerabdruck besiegelt werden, werden sie somit geschäftsunfähig.

Würde der Wert der in der kleinen Nuss steckenden Arbeitskraft und die Gesundheitsrisiken der Verarbeitung eingepreist, wären Cashews kaum bezahlbar. Sie sollten als echte Delikatesse gehandelt werden und nur von bestimmten Anbietern bezogen werden, die gut für Mensch und Umwelt sorgen.

Konventionelle Cashews wachsen meistens in Afrika, werden in Vietnam verarbeitet und in der Schweiz verpackt. Von diesem ökologischen Unsinn erfahren die Konsumenten in der Regel nichts.

Beim Kauf von Cashews sollte somit immer auf das Fairtrade- und Biosiegel geachtet werden. Leider ist dies aber noch keine Garantie.

Nach bestem Wissen und Gewissen kann ich z.B. die Firmen Rapunzel, nuts2 und fairfood.bio empfehlen. Mehr Infos zum Thema, auch bezogen auf die Auswirkungen auf unsere Umwelt und die Wirtschaft, findest du z.B. unter www.nuts2.com oder www.fairfood.bio.

KAKAO

Wusstest du schon? Für 1 kg Kakaobohnen werden 27.000 l Wasser benötigt. Zum Vergleich verbraucht dieselbe Menge Rindfleisch ca. 15.000 l Wasser, 1 kg Nüsse 5000 l, Äpfel 700 l und für Kartoffeln werden nur 210 l benötigt.

Eine gute Alternative zum Kakao stellt Carob dar. Dieser wird aus den Früchten des Johannisbrotbaumes hergestellt. Er schmeckt süßer als Kakao, kann aber genauso verwendet werden.

Im Gegensatz zu Kakao enthält Carob keine aufputschenden Substanzen, auf die manche Menschen empfindlich reagieren.

Außerdem kann Carob eine nachhaltigere Wahl als Kakao sein: Der Johannisbrotbaum ist anspruchslos und widerstandsfähiger als Kakao, braucht nicht so viel Wasser und wächst auch in Südeuropa.

ZUCKER

Heutzutage gibt es viele hochangepriesene Alternativen zu raffiniertem Haushaltszucker. Die meisten haben sowohl Vor- als auch Nachteile – wirklich perfekt sind sie leider alle nicht.

Bei Yoga Vidya Allgäu nutzen wir Mascobado-Vollrohrzucker oder Kokosblütenzucker als feste Zucker, die noch einige Mineralien und Spurenelemente beinhalten bzw. Birkenzucker für helle Desserts und Reissirup als flüssiges Süßungsmittel.

Auch wenn diese Alternativen für deinen Körper durchaus besser sind als weißer Zucker oder Glukosesirup, sollten sie in Maßen genossen werden. Ich möchte sie aber auch nicht verteufeln.

Was du allerdings nicht nutzen solltest, sind Agavendicksaft oder Süßstoffe. Trotz niedrigem glykämischen Index bestehen Agavenprodukte nahezu ausschließlich (80–90 %) aus Fructose, einem hochprozessierten Zucker, der grandios vermarktet wird. Selbst Maissirup, mit ca. 55 % Fructosegehalt, ist bereits „schwer geladen". So kommen sie in der Natur nicht vor.

Reine Fructose gilt als eine Ursache für Herz-Kreislauferkrankungen und Diabetes Typ 2. Dies hat mit dem Gesamtpaket, welches Früchte liefern, nichts zu tun.

Biologische Früchte sind natürliche Geschenke dieser Erde und vollgepackt mit Vitaminen, Mineralien & Co.

Allerdings muss auch hier deine Leber den Fruchtzucker verstoffwechseln. Wenn du ihr täglich kiloweise Früchte zumutest, dann kannst du sie dadurch sehr stark belasten.

Die wohl beste, wenn auch nicht umweltfreundlichste, Alternative zum normalen Haushaltszucker stellt für mich die selbst hergestellte Dattelcreme dar, welche du dir je nach gewünschter Konsistenz aus Datteln und Wasser mixen kannst (siehe S. 20).

Hinweise zu Soja

Die Sojabohne und die aus ihr hervorgehenden Lebensmittel wie Tofu, Sojajoghurt, -soße, -sahne oder Tempeh erfreuen sich immer größerer Beliebtheit, geraten dadurch aber auch häufig in Kritik. Grundsätzlich zeichnet sich die Sojabohne durch einen hohen Protein- und Nährstoffgehalt aus. Sie enthält alle essentiellen Aminosäuren, also jene Eiweißbausteine, die der Körper nicht selbst herstellen kann. Die Bohne steht einem Stück Tierfleisch, also in keiner Weise nach und ist zudem frei vom schädlichen LDL-Cholesterin.

Kritisiert werden vor allem die sogenannten Isoflavone. Dies sind sekundäre Pflanzenstoffe, die strukturell unserem Hormon Östrogen ähneln und unseren Hormonhaushalt negativ beeinflussen können insofern Schilddrüsenerkrankungen bestehen.

Bei Menschen ohne Schilddrüsenbeschwerden gibt es keine Hinweise auf negative körperliche Auswirkungen. Tatsächlich gibt es Belege für die schützende Wirkung der Isoflavone vor Prostatakrebs und die durchaus positiven Auswirkungen bei Wechseljahrbeschwerden.

Aber ist Soja nicht eine Umweltsünde durch Monokulturen sowie durch die Abholzung des Regenwaldes? Die Aussage ist sowohl richtig als auch falsch. Wichtig ist hierbei, zu bedenken, dass ca. 80 % des weltweiten Sojaanbaus in den Futtertrögen der Tiere landet, die vom Menschen für den Verzehr gezüchtet werden, oder für Treibstoff verwendet wird. Würde man den Umweg der Nährstoffe nicht über das Tier nehmen, könnte man bedeutend mehr Menschen ernähren und den fühlenden Wesen ihr Leid ersparen.

Auf der Fläche, die für die Herstellung von 4 kg Rindfleisch benötigt wird, könnte man 100 kg pflanzliche Nahrung mit ähnlichem Nährstoffprofil erzeugen. Mit anderen Worten: Im Hinblick auf die Fläche besteht bei Rindfleisch verglichen mit pflanzlichen Lebensmitteln ein Ressourcenverlust von 96 %. Bei Schweinefleisch beträgt er 90 %, bei Milch 75 %, bei Hühnerfleisch 50 % und bei Eiern 40 %.

In einer Welt in der der *Earth Overshoot Day* bereits auf Mitte August fällt[1], sollte diese Verschwendung an Energie lieber gestern als heute überdacht werden.

Eine Studie des renommierten Weizmann Institute of Science aus dem Jahr 2018 kommt zu dem zu dem Ergebnis, dass die Umstellung auf eine ausschließlich vegane Ernährungsweise in den USA dazu führen würde, dass 350 Millionen Menschen zusätzlich ernährt werden könnten. Und auch in Deutschland können wir uns dieser Verantwortung nicht entziehen. Im Durchschnitt isst jeder Deutsche immer noch etwa 60–70 kg Fleisch pro Jahr (Stand 2019).

Der Anbau von Soja ist nicht grundsätzlich umweltschädlich. Die Pflanze ist sogar in der Lage, den Stickstoffhaushalt des Bodens nach intensiver Bewirtschaftung wieder auszugleichen.

Die meisten Hersteller von den hierzulande verkauften Sojaprodukten gefährden durch ihre Produktion den Regenwald nicht, da für den deutschen Markt auf einen möglichst nachhaltigen, gentechnikfreien Anbau geachtet wird. Hier stammt Soja vorwiegend aus EU-Ländern, zum Teil auch aus Nordamerika und China. Achte beim Kauf von Sojaprodukten daher unbedingt auf ein verlässliches Biosiegel und beziehe keine Ware aus Mittel- und Südamerika, da hier die Gefahr durch Genmanipulation und hohe Pestizitbelastung sehr groß ist.

Somit kann man schlussfolgern, dass gegen einen moderaten Sojakonsum nichts einzuwenden ist, insofern man keine Allergie oder Schilddrüsenerkrankung aufweist.

Ein schlechtes Gewissen bezüglich etwas Sojajoghurt in Kuchen oder Aufstrich oder Scrambled-Tofu zum Frühstück ist also unbegründet. Im Gegenteil, wenn es dir dazu verhilft an einer pflanzlichen Ernährung Freude zu finden und vielleicht sogar die Menschen in deinem Umfeld zu inspirieren, trägst du maßgeblich zum Umwelt- und Tierschutz bei. Du bist wichtig, denn du machst einen Unterschied mit deinem Einkaufszettel!

Und um der Kreativität freien Lauf zu lassen, ermuntere ich dich, beispielsweise auch andere Pflanzenjoghurts auszuprobieren. Mein Favorit fällt hier eindeutig auf cremigen Kokosjoghurt!

[1] Earth Overshoot Day: Ab diesem Tag hat die Menschheit alle natürlichen Ressourcen aufgebraucht, die die Erde innerhalb eines Jahres wiederherstellen und damit nachhaltig zur Verfügung stellen kann. Stand 2020 war dies der 22. August 2020.

HINWEISE ZU BROT

Brot ist seit Jahrhunderten ein fester Bestandteil in unserer Kultur und somit auch mit vielen Erinnerungen und Emotionen verbunden.

Man kann es auf viele verschiedene Weisen backen – mit Hefe, Sauerteig oder auch ganz simpel als Fladen.

Viele Menschen reagieren allerdings sehr sensibel auf Gluten, welches in den meisten Getreiden, wie Weizen, Dinkel, Roggen, Gerste etc. in unterschiedlichen Mengen vorhanden ist. Häufig werden diese körperlichen oder geistigen Symptome, wie Müdigkeit, Trägheit oder Bauchschmerzen nicht auf den Verzehr von Brot oder anderem Getreide zurückgeführt.

Es lohnt sich in jedem Fall für eine Zeit lang auf unser selbstgemachtes glutenfreies Brot zurückzugreifen und dies zu beobachten. Sollte dies für dich kein Thema sein, so bekommst du hier eine unglaublich leckere Auswahl an Dinkelvollkornbroten, bei denen du einerseits weißt, welche Inhaltsstoffe enthalten sind, und andererseits natürlich auch ganz viel Liebe mit hineingeben kannst.

Und das Beste ist: In manchen Rezepten ist sogar Gemüse versteckt, um das Brot saftiger oder farbenfroh zu backen.

Optional stelle während des Backens ein ofenfestes Gefäß mit heißem Wasser auf den Ofenboden, so verliert das Brot nicht zu stark an Flüssigkeit.

Die meisten unserer Brote sind mit Hefe gebacken, da dies für einen Brotbackanfänger leicht zu verwirklichen ist. Solltest du keine Hefe vertragen, dann besteht die Möglichkeit, auf Sauerteigbrot zurückzugreifen. Dies beinhaltet allerdings einige Schritte und viel Achtsamkeit. Am besten lässt du dir das direkt von einem Bäcker erklären. Hier bekommst du in der Regel auch überall einen frischen Sauerteig, den du immer wieder vermehren kannst.

Wichtig: Du kannst den Zucker in den Rezepten nach Belieben austauschen, aber nie weglassen, da die Hefe sich von diesem ernährt und nur so das Brot fluffig wird. So sollte auch die Gehzeit nicht verkürzt werden. Gute Dinge brauchen eben ihre Zeit!

Solltest du wiederkehrend ein starkes Verlangen nach Brot und anderen Getreideprodukten wie Nudeln haben, könnte dies an geringer körperlicher und geistiger Erdung liegen. Der Körper versorgt sich mit dieser „Fake-Erdung", um ein Gleichgewicht herzustellen. Das ist aber auch über andere Wege möglich, zum Beispiel durch **Virabhadrasanas**, auch bekannt als Krieger- oder Heldenpositionen. Baue diese eine Zeit lang täglich intensiv in deine Yogapraxis ein und beobachte, ob sich eine Veränderung einstellt.

EMPFEHLUNGEN DER AUTORIN

Die folgenden Bücher, Filme und Dokumentationen möchte ich dir im Bereich gesunde Ernährung, Umwelt und Tierwohl ans Herz legen. Manche von ihnen sind sehr bewegend, andere eher faktenbasiert. In jedem Fall ist es wichtig, unser tägliches Handeln immer wieder zu hinterfragen und die unbequeme Wahrheit nicht zu verdrängen. Ich danke dir für deine Achtsamkeit!

BUCHTIPPS

- *Peace Food* von Rüdiger Dahlke
- *Tiere Essen* von Jonathan Safran Foer
- *Anständig essen – ein Selbstversuch* von Karen Duve
- *Yoga der Ernährung* von Omraam Mikhaël Aïvanhov
- *Warum wir Hunde lieben, Schweine essen und Kühe anziehen: Karnismus – eine Einführung* von Dr. Melanie Joy
- *Animal Liberation: Die Befreiung der Tiere* von Peter Singer
- *Vegan-Klischee ade! Wissenschaftliche Antworten auf kritische Fragen zu veganer Ernährung* von Niko Rittenau

FILMTIPPS

- *Dominion* (2018) – Dokumentation von Chris Delforce ➔ Der Film ist kostenfrei verfügbar unter der Webseite: *www.dominionmovement.com*
- *Earthlings* (2005) Dokumentation von Joaquin Phoenix ➔ Der Film ist kostenfrei verfügbar unter *www.earthlings.com* oder auf Youtube.
- *Hope for all – unsere Nahrung – unsere Hoffnung* (2016) – Ein Film über die Folgen westlicher Ernährungsgewohnheiten.
- *Before the flood* (2016) – Dokumentation von Leonardo DiCaprio über Klimaschutz und Klimawandel.
- *More than Honey* (2012) – Dokumentarfilm des Schweizer Regisseurs Markus Imhoof über das weltweite Bienensterben.
- *Food, inc.- Was essen wir wirklich?* (2008) – Ein ehrlicher Blick hinter die Kulissen der Nahrungsmittelindustrie und Tierhaltung im 21. Jahrhundert.
- *Gabel statt Skalpell* (2011) – Dokumentaion über den Zusammenhang von unpassender Ernährung und Volkskrankheiten ohne erhobenen Zeigefinger.
- *Cowspiracy – das Geheimnis der Nachhaltigkeit* (2014) – Dokumentation von Kip Andersen.

DIE BHAGAVAD-GITA FÜR MENSCHEN VON HEUTE

Sukadev Bretz

Die *Bhagavad-Gita* (der Gesang Gottes) ist das wohl meistgelesene Buch in Indien. Sie gilt inzwischen weltweit als eine der wichtigsten klassischen Yogaschriften. Die Gita zeigt Mittel und Wege auf, Alltag und Spiritualität ohne zusätzlichen Zeitaufwand geschickt miteinander zu verbinden.

Die *Bhagavad-Gita* ist ein umfassender Dialog zwischen Arjuna, einem mächtigen Krieger und Adeligen, der sich kurz vor einer entscheidenden Schlacht ratsuchend an seinen Freund Krishna wendet. Bei diesem Gespräch lehrt ihn Krishna, selbst Gottinkarnation auf Erden, alles über praktische und philosophische Fragen des Lebens und darüber hinaus, wie man zum Höchsten gelangen kann.

Yoga spielt dabei eine wesentliche Rolle, weil sich durch Yoga unsere Persönlichkeit entfalten kann: Yoga hilft uns, einen harmonischeren Umgang mit uns selbst und der Umwelt zu finden, erweckt in uns schlummernde Fähigkeiten und begleitet den Menschen zur Selbsterkenntnis.

Hardcover (16,5 x 23,7 cm)
gebunden mit Leseband,
616 Seiten, 19,90 €
ISBN 978-3-943376-09-8

- Erläuterungen von Sukadev Bretz
- orig. Sanskrit-Verse in Devanagari
- Transliteration in wissenschaftlicher Umschrift
- mit Worterklärungen und -übersetzungen sowie Illustrationen

Bücher und E-Books, CDs und DVDs, Poster und Postkarten aus dem hauseigenen Yoga Vidya Verlag werden ergänzt durch fein ausgewählte Produkte aus der Welt des Yoga. Meditationskissen, Yogamatten, Ayurveda-Artikel, hilfreiches Zubehör & vieles mehr:

YOGA VIDYA ONLINE SHOP:
https://shop.yoga-vidya.de

MEDITIEREN LERNEN IN 10 WOCHEN

Sukadev Bretz

Mit Meditation den Alltag meistern.
Übungsbuch mit MP3-CD

Ausführlich und klar leitet dich Sukadev Bretz in diesem Buch zur Meditation an. So fällt es dir leicht, Meditation schrittweise zu lernen und in deinen Alltag zu integrieren. Bald wirst du die Meditation nicht mehr missen wollen. Hintergrundinfos und Tipps aus den verschiedenen Wegen des Yoga verstärken die positiven Auswirkungen von Meditation für ein glückliches, entspanntes Leben und mehr Freude im Alltag.

Klappenbroschur (21 x 24 cm),
4-farbig, 224 Seiten, 19,90 €
ISBN 978-3-943376-35-8

- zahlreiche farbige Abbildungen
- inkl. Übungs-CD im MP3 Format
- ausführliche und kurze Grundanleitungen zu den Techniken
- wertvolle Tipps und Hinweise

DAS GROSSE YOGA VIDYA HATHA YOGA BUCH

Sukadev Bretz

In dieses Basis-Werk sind die langjährigen Erfahrungen von Sukadev Bretz, Gründer und Leiter von Yoga Vidya, eingeflossen. So ist ein Begleitbuch für die eigene Yogapraxis entstanden, das sowohl Anfängern als auch erfahrenen Yogis Inspiration bietet. Auch für die Planung von Yogastunden im Yoga Vidya-Stil interessant.

Neben Asanas werden die wichtigsten Atemtechniken gezeigt, in Tiefenentspannung und Meditation eingeführt und die Besonderheiten der yogischen Ernährung erläutert.

Klappenbroschur (21 x 24 cm),
4-farbig, 256 Seiten, 19,90 €
ISBN 978-3-943376-16-6

- Infos zur Yogaphilosophie
- einfache Anfängerübungen und sanfte Varianten
- fortgeschrittene Variationen
- Atem-, Entspannungs- und Meditationstechniken u.v.m.

DAS GROßE YOGA VIDYA PRANAYAMA BUCH

Sukadev Bretz

Das wohl umfassendste Praxisbuch über Pranayama im deutschsprachigen Raum, mit vielen detaillierten Praxisanleitungen und Hintergrundinformationen über Kundalini und Pranayama, die Wissenschaft und Praxis von der Kontrolle und Lenkung der Lebensenergie. Mit diesem systematisch angelegten Atemkurs für Anfänger, Mittelstufe und Fortgeschrittene lernst du deine Chakras zu aktivieren, Energien zu harmonisieren, deine Vitalität zu erhöhen und dein Bewusstsein zu erweitern.

Klappenbroschur (21 x 24 cm),
4-farbig, 320 Seiten, 24,90 €
ISBN 9-783-94337655-5

- zahlreiche farbige Abbildungen
- mit vielen Insider-Informationen und kraftvollen Variationen
- enthält über 50 Praxis-Anleitungen
- mit MP3-CD bzw. Download

MANTRA MEDITATION

Sukadev Bretz

Zahlreiche Mantra-Meditationen in diesem Buch lassen dich die Tiefe und mystische Bedeutung von Mantras verstehen und erfahren. Sie haben die Kraft, dein spirituelles Bewusstsein zu erweitern und dich bis zur Selbstverwirklichung, zur Erleuchtung, zum Erwachen, zu führen. Du wirst überrascht sein, welche Bandbreite von Mantra-Meditationen es gibt – von der einfachen Mantra-Wiederholung über Meditationen mit den verschiedenen Aspekten eines Mantra, Visualisierungen und Heilsitzungen bis zu kombinierten Pranayama-Mantra-Techniken.

Klappenbroschur (21 x 24 cm),
4-farbig, 304 Seiten, 24,90 €
ISBN 9-783-943376-62-3

- Hintergrundwissen zu Mantras
- über 40 Mantra-Meditationen und Rezitationen
- ausführliche Erläuterungen zu den verschiedenen Techniken
- mit MP3-CD bzw. Download

GEHEIMNIS HATHA YOGA
Swami Sivananda Radha

Symbolik – Deutung – Praxis

Yoga ist eine Kunst, und die Asanas sind ein poetischer Ausdruck dieser Kunst. Sie sind Symbole, die die Wahrheit sichtbar machen und uns zum Licht führen können.

Mit diesem Buch gibt Swami Radha, direkte Schülerin von Swami Sivananda, mit der ihr eigenen Sorgfalt und Kenntnis den ernsthaften Yogapraktizierenden, die die Symbolsprache der Asanas verstehen und ihr durch ihre Übungen mit Leib und Seele Ausdruck verleihen wollen, ein wertvolles Instrument in die Hand.

Klappenbroschur (21 x 24 cm),
mit farbigen Abbildungen · 19,90 €
ISBN 978-3-943376-46-3

- zahlreiche Fotos und Illustrationen
- Einführung in die Yogatherapie
- ausführliche Symbolik und Übungsanleitungen zu 22 Asanas
- Inspiration für mehr Tiefe in der Hatha-Yoga-Praxis

ERNÄHRUNG NACH AYURVEDA UND GESUND UND SCHÖN MIT AYURVEDA (VEGAN)

DIN-A3-Poster mit Informationen für typgerechte Zutaten in der Ernährung nach Ayurveda sowie praktische Tipps zum Verwöhnen und Wohlfühlen und einer Zusammenstellung passender Nahrungsmittel und Tees gemäß des zugrundeliegenden individuellen Konstitutionstyps.

Mit zwei Rezepten für Bademischungen für morgens und abends, Infos zu Ama, Curcuma und Ingwer und vieles mehr.

(Abbildung zeigt Vorder- und Rückseite).

DIN A3, 1,00 €

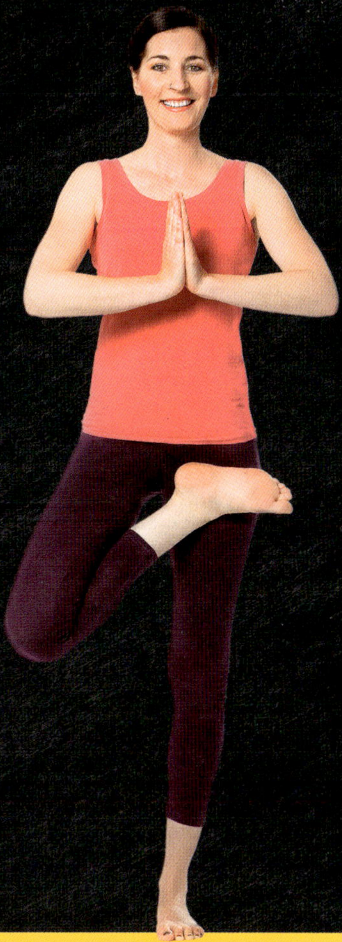

ENTSPANNEN, AUFLADEN, YOGA ERFAHREN. DIE YOGA VIDYA SEMINARHÄUSER

YOGA VIDYA BAD MEINBERG IM TEUTOBURGER WALD

Idyllisch am Rande des Kurstädtchens Bad Meinberg gelegen, umgeben von einem großen Park, bietet das Seminarhaus viele naturnahe Erholungsmöglichkeiten. Die Fülle des Angebotes und der Begegnungen mit interessanten, gleichgesinnten Menschen, besonderen GastlehrerInnen und zirka 100 ausgebildeten YogalehrerInnen ermöglichen dir besonders lebendige Yogaerfahrungen.

Yoga Vidya Bad Meinberg · Yogaweg 7, 32805 Horn-Bad Meinberg
Tel. 05234/870 · info@yoga-vidya.de · www.yoga-vidya.de/badmeinberg

YOGA VIDYA WESTERWALD IM NATURPARADIES RHEIN-WESTERWALD

Fernab von Straßenlärm und Alltagshektik bietet dir das Haus die ideale Umgebung für Erholung und intensive Praxis: Es liegt absolut ruhig inmitten des lieblichen Grenzbachtals im Naturparadies Rhein-Westerwald, eingebettet in sanfte Hügel und wunderschöne Mischwälder.

Yoga Vidya Westerwald · Gut Hoffnungstal, 57641 Oberlahr
Tel. 02685/80020 · westerwald@yoga-vidya.de · www.yoga-vidya.de/westerwald

YOGA VIDYA NORDSEE IM WANGERLAND

Unser Yogaseminarhaus an der Nordsee bringt die indische Weisheit des Yoga mit dem rauen Charme des Wattenmeeres zusammen. Die frische, klare Nordseeluft vitalisiert und energetisiert. Mit Yoga, Atemübungen, Meditation und Wandern am Meer können sich Körper, Geist und Seele ideal erholen und aufladen.

Yoga Vidya Nordsee · Wiarder Altendeich 10, 26434 Horumersiel
Tel. 04426/9041610 · nordsee@yoga-vidya.de · www.yoga-vidya.de/nordsee

YOGA VIDYA ALLGÄU

Der Yoga Vidya Allgäu Ashram ist unser jüngstes Seminarhaus und wurde 2013 eröffnet. Er liegt auf ca. 1000 m Höhe unmittelbar vor den Allgäuer Alpen. Eingebettet in einer attraktiven Ferienregion ist der Ort Maria Rain ein beliebtes, aber ruhiges Kur- und Erholungsgebiet zwischen Kempten und Füssen.

Yoga Vidya Allgäu · Lärchenweg 3 – Maria Rain, 87466 OY–Mittelberg
Tel. 08361/925300 · allgaeu@yoga-vidya.de · www.yoga-vidya.de/allgaeu